DESCUBRE 1

Lengua y cultura del mundo hispán

TEACHER'S EDITION

Cuaderno de práctica y actividades comunicativas

VISTA®
HIGHER LEARNING

Student Text ISBN: 978-1-68004-587-1

Teacher's Edition ISBN: 978-1-68004-610-6

1 2 3 4 5 6 7 8 9 PP 21 20 19 18 17 16

Table of Contents

contextos

1 **Viajes** Complete these sentences with the logical words.

1. Una persona que tiene una habitación en un hotel es _un huésped_ .

2. El lugar donde los pasajeros esperan el tren es _la estación de tren_ .

3. Para viajar en avión, tienes que ir _al aeropuerto_ .

4. Antes de entrar (*enter*) en el avión, tienes que mostrar _el pasaje/el equipaje_ .

5. La persona que trabaja en la recepción del hotel es _el/la botones_ .

6. Para planear (*plan*) tus vacaciones, puedes ir a _una agencia de viajes_ .

7. El/la agente de viajes puede confirmar _una reservación_ .

8. Para subir a tu habitación, tomas _el ascensor_ .

9. Para abrir la puerta de la habitación, necesitas _una llave_ .

10. Cuando una persona entra a otro país, tiene que mostrar _el pasaporte_ .

2 **De vacaciones** Complete this conversation with the logical words.

aeropuerto	equipaje	llegada	playa
agente de viajes	habitación	pasajes	sacar fotos
cama	hotel	pasaportes	salida
confirmar	llave	pasear	taxi

ANTONIO ¿Llevas todo (*everything*) lo que vamos a necesitar para el viaje, Ana?

ANA Sí. Llevo los (1)_____ pasajes _____ de avión. También llevo los (2)_____ pasaportes _____ para entrar (*enter*) a Costa Rica.

ANTONIO Y yo tengo el (3)_____ equipaje _____ con todas (*all*) nuestras cosas.

ANA ¿Tienes la cámara para (4)_____ sacar fotos _____?

ANTONIO Sí, está en mi mochila.

ANA ¿Vamos al (5)_____ aeropuerto _____ en metro?

ANTONIO No, vamos a llamar un (6)_____ taxi _____. Nos lleva directamente al aeropuerto.

ANA Voy a llamar al aeropuerto para (7)_____ confirmar _____ la reservación.

ANTONIO La (8)_____ agente de viajes _____ dice que está confirmada ya (*already*).

ANA Muy bien. Tengo muchas ganas de (9)_____ pasear _____ por Puntarenas.

ANTONIO Yo también. Quiero ir a la (10)_____ playa _____ y nadar en el mar.

ANA ¿Cuál es la hora de (11)_____ llegada _____ al aeropuerto de San José?

ANTONIO Llegamos a las tres de la tarde y vamos directamente al (12)_____ hotel _____.

Lección 5 Contextos Activities   **1**

Lección 5

3 **Los meses** Write the appropriate month next to each description or event.

1. el Día de San Valentín ___febrero___
2. el tercer mes del año ___marzo___
3. el Día de Fin (*End*) de Año ___diciembre___
4. el Día de las Madres ___mayo___
5. el séptimo mes del año ___julio___
6. el Día de Año Nuevo (*New*) ___enero___

4 **Las estaciones** Answer these questions using complete sentences.

1. ¿Qué estación sigue al invierno? La primavera sigue al invierno.

2. ¿En qué estación va mucha gente a la playa? Mucha gente va a la playa en el verano./En el verano mucha gente va a la playa.

3. ¿En qué estación empiezan las clases? Las clases empiezan en el otoño./En el otoño empiezan las clases.

5 **El tiempo** Answer these questions with complete sentences based on the weather map.

EL TIEMPO ESPAÑA HOY

☼ Soleado
⛅ Variable
☁ Nublado
🌧 Llueve
⛈ Tormenta
≈ Viento
❋ Nieva

1. ¿Hace buen tiempo en Soria? Sí, en Soria hace buen tiempo/hace sol y viento.

2. ¿Llueve en Teruel? No, en Teruel está soleado/hace sol/hace buen tiempo.

3. ¿Hace sol en Girona? No, en Girona llueve/hace mal tiempo.

4. ¿Está nublado en Murcia? No, en Murcia está soleado/hace sol/hace buen tiempo.

5. ¿Nieva en Cáceres? No, en Cáceres hace sol/está soleado/hace buen tiempo.

6. ¿Qué tiempo hace en Salamanca? En Salamanca está soleado/hace sol/hace buen tiempo.

7. ¿Hace viento cerca de Castellón? Sí, hace viento cerca de Castellón.

8. ¿Qué tiempo hace en Almería? En Almería está soleado/hace sol/hace buen tiempo.

9. ¿Está nublado en Las Palmas? No, en Las Palmas está soleado/hace buen tiempo/hace sol.

10. ¿Hace buen tiempo en Lleida? No, en Lleida hace mal tiempo/llueve.

contextos

1 **Identificar** You will hear a series of words. Write the word that does not belong in each series.

1. _____ la cama _____
2. _____ julio _____
3. _____ la cama _____
4. _____ enero _____
5. _____ confirmar _____
6. _____ la playa _____
7. _____ el tren _____
8. _____ verano _____

2 **Describir** For each drawing, you will hear two statements. Choose the one that corresponds to the drawing.

1. a. ⓑ   2. a. ⓑ   3. ⓐ b.

3 **En la agencia de viajes** Listen to this conversation between Mr. Vega and a travel agent. Then read the statements and decide whether they are **cierto** or **falso**.

	Cierto	Falso
1. El señor Vega quiere esquiar, pescar y bucear.	○	⊘
2. El señor Vega va a Puerto Rico.	⊘	○
3. El señor Vega quiere ir de vacaciones la primera semana de mayo.	○	⊘
4. Una habitación en Las Tres Palmas cuesta (costs) $85.	⊘	○
5. El hotel tiene restaurante, piscina y *jacuzzi*.	⊘	○

4 **Escoger** Listen to each statement and choose the most appropriate activity for that weather condition.

1. a. Vamos a ir a la piscina.   ⓑ Vamos a poner la televisión.
2. a. Voy a escribir una carta.   ⓑ Voy a bucear.
3. ⓐ Vamos al museo.   b. Vamos a tomar el sol.
4. a. Mañana voy a pasear en bicicleta.   ⓑ Mañana voy a esquiar.
5. ⓐ Queremos ir al cine.   b. Queremos nadar.
6. a. Voy a correr en el parque.   ⓑ Voy a leer un libro.
7. ⓐ Quiero escuchar música.   b. Quiero jugar al golf.

Lección 5 Audio Activities   **3**

contextos

Comunicación

13 **Encuesta** (student text p. 157) How does the weather affect what you do? Walk around the class and ask your classmates what they prefer or like to do in the weather conditions given. Note their responses on your worksheet. Make sure to personalize your survey by adding a few original questions to the list. Be prepared to report your findings to the class.

Tiempo	Actividades	Actividades
1. Hace mucho calor.		
2. Nieva.		
3. Hace buen tiempo.		
4. Hace fresco.		
5. Llueve.		
6. Está nublado.		
7. Hace mucho frío.		
8.		
9.		
10.		

contextos

Estudiante 1

16 **Un viaje** (student text p. 157) You are planning a trip to Mexico and have many questions about your itinerary on which your partner, a travel agent, will advise you. You and your partner each have a handout with different instructions for acting out the roles.

Cliente/a

You have an appointment to meet with your travel agent to discuss your upcoming vacation to Mexico. You want to arrive on Monday, March 6, and return on Saturday, March 11. Your ideal destination offers a wide range of daytime and nighttime activities, a warm and sunny climate, and nice beaches. Look at the map and ask your travel agent questions to find out about places that interest you.

> **Vocabulario útil**
>
> ¿Qué tiempo hace en...?
> Mis preferencias son...
> Mis actividades favoritas son...
> Las fechas del viaje son...

contextos

Estudiante 2

16 **Un viaje** (student text p. 157) Your partner is planning a trip to Mexico and has many questions
about the itinerary on which you, a travel agent, will advise him or her. You and your partner each
have a handout with different instructions for acting out the roles.

Agente

You are a travel agent who is meeting with a client about his or her upcoming vacation to Mexico. Look at
the map in order to answer your client's questions about the weather and activities at places he or she might
want to visit. After your client has made his or her decisions, record his or her vacation plans and other
pertinent information on your office form.

VIAJES PARAÍSO

Nombre y apellidos _____

Teléfono _____

Viaja a _____

Fechas del _____ al _____

Viajan _____ personas

Actividades _____

_____

¡Vamos a la playa!

Antes de ver el video

1 **¿Qué hacen?** The six friends have just arrived at the beach. Based on the image, what do you think Maru and Jimena are doing? What do you think they will do next? Answers will vary.

_____

_____

_____

_____

_____

_____

_____

_____

Mientras ves el video

2 **¿Quién?** Watch the episode and write the name of the person that goes with each expression.

Expresión	Nombre
1. En Yucatán hace mucho calor.	Maite Fuentes
2. ¿Están listos para su viaje a la playa?	(tía) Ana María
3. No podemos perder el autobús.	Maru
4. Bienvenidas. ¿En qué puedo servirles?	empleado
5. No está nada mal el hotel, ¿verdad? Limpio, cómodo...	Felipe

3 **¿Qué ves?** Check what is shown.

____ 1. un inspector de aduanas   ✔ 5. unas maletas   ✔ 9. la planta baja del hotel

✔ 2. el mar   ✔ 6. una pelota   ✔ 10. unas llaves

____ 3. un aeropuerto   ____ 7. una agencia de viajes   ✔ 11. un libro

____ 4. un botones   ____ 8. el campo   ✔ 12. personas en la playa

4 **Completar** Fill in the blanks.

1. **TÍA ANA MARÍA** Excelente, entonces... ¡A la estación ___de autobuses___!

2. **MARU** Tenemos una ___reservación___ para seis personas para esta noche.

3. **EMPLEADO** Dos ___habitaciones___ en el primer piso para seis huéspedes.

4. **MIGUEL** Ellos son mis amigos. Ellos sí son ___amables___ conmigo.

5. **MARISSA** Yo estoy un poco ___cansada___. ¿Y tú? ¿Por qué no estás nadando?

Lección 5

Video Activities: *Fotonovela*

Después de ver el video

5 **¿Cierto o falso?** Say whether each statement is **cierto** or **falso**. Correct the false statements.

1. Miguel está enojado con Felipe.

   Cierto.

2. Felipe y Marissa hablan con un empleado del hotel.

   Falso. Maru y Jimena hablan con un empleado del hotel.

3. Los ascensores del hotel están a la izquierda.

   Cierto.

4. Maru y su novio quieren hacer windsurf, pero no tienen tablas.

   Cierto.

5. Felipe dice que el hotel es feo y desagradable.

   Falso. Felipe dice que el hotel es limpio y cómodo.

6. Jimena dice que estudiar en la playa es muy divertido.

   Falso. Jimena dice que estudiar en la playa es muy aburrido.

6 **Resumir** Write a summary of this episode in Spanish. Try not to leave out any important information.
Answers will vary.

_____

_____

_____

_____

_____

_____

_____

_____

_____

7 **Preguntas** Answer these questions in Spanish. Answers will vary.

1. ¿Te gusta ir de vacaciones? ¿Por qué? _____

_____

_____

2. ¿Adónde te gusta ir de vacaciones? ¿Por qué? _____

_____

_____

3. ¿Con quién(es) vas de vacaciones? _____

_____

_____

pronunciación

Lección 5

Spanish **b** and **v**

There is no difference in pronunciation between the Spanish letters **b** and **v**. However, each letter can be pronounced two different ways, depending on which letters appear next to them.

bueno   **v**ólei**b**ol   **b**i**b**lioteca   **v**i**v**ir

B and **v** are pronounced like the English hard **b** when they appear either as the first letter of a word, at the beginning of a phrase, or after **m** or **n**.

bonito   **v**iajar   tam**b**ién   in**v**estigar

In all other positions, **b** and **v** have a softer pronunciation, which has no equivalent in English. Unlike the hard **b**, which is produced by tightly closing the lips and stopping the flow of air, the soft **b** is produced by keeping the lips slightly open.

de**b**er   no**v**io   a**b**ril   cer**v**eza

In both pronunciations, there is no difference in sound between **b** and **v**. The English **v** sound, produced by friction between the upper teeth and lower lip, does not exist in Spanish. Instead, the soft **b** comes from friction between the two lips.

bola   **v**ela   Cari**b**e   decli**v**e

When **b** or **v** begins a word, its pronunciation depends on the previous word. At the beginning of a phrase or after a word that ends in **m** or **n**, it is pronounced as a hard **b**.

Verónica y su esposo cantan ⌣**b**oleros.

Words that begin with **b** or **v** are pronounced with a soft **b** if they appear immediately after a word that ends in a vowel or any consonant other than **m** or **n**.

Benito es de ⌣**B**oquerón, pero ⌣**v**ive en ⌣**V**ictoria.

1 **Práctica** Repeat these words after the speaker to practice the **b** and the **v**.

1. hablamos	4. van	7. doble	10. nublado
2. trabajar	5. contabilidad	8. novia	11. llave
3. botones	6. bien	9. béisbol	12. invierno

2 **Oraciones** When you hear the number, read the corresponding sentence aloud, focusing on the **b** and **v** sounds. Then listen to the speaker and repeat the sentence.

1. Vamos a Guaynabo en autobús.
2. Voy de vacaciones a la Isla Culebra.
3. Tengo una habitación individual en el octavo piso.
4. Víctor y Eva van por avión al Caribe.
5. La planta baja es bonita también.
6. ¿Qué vamos a ver en Bayamón?
7. Beatriz, la novia de Víctor, es de Arecibo, Puerto Rico.

3 **Refranes** Repeat each saying after the speaker to practice the **b** and the **v**.

1. No hay mal que por bien no venga.   2. Hombre prevenido vale por dos.

4 **Dictado** You will hear four sentences. Each will be said twice. Listen carefully and write what you hear.

1. Noventa turistas van en barco por el Caribe.
2. Visitan muchos lugares bonitos.
3. Los viajeros bailan, comen y beben.
4. Ellos vuelven de su viaje el viernes.

estructura

5.1 **Estar** with conditions and emotions

1 **¿Por qué?** Choose the best phrase to complete each sentence.

1. José Miguel está cansado porque...
   a. trabaja mucho.
   b. su familia lo quiere.
   c. quiere ir al cine.

2. Los viajeros están preocupados porque...
   a. es la hora de comer.
   b. va a pasar un huracán (*hurricane*).
   c. estudian matemáticas.

3. Maribel y Claudia están tristes porque...
   a. nieva mucho y no pueden salir.
   b. van a salir a bailar.
   c. sus amigos son simpáticos.

4. Los estudiantes están equivocados porque...
   a. estudian mucho.
   b. pasean en bicicleta.
   c. su respuesta es incorrecta.

5. Laura está enamorada porque...
   a. tiene que ir a la biblioteca.
   b. su novio es simpático, inteligente y guapo.
   c. sus amigas ven una película.

6. Mis abuelos están felices porque...
   a. vamos a pasar el verano con ellos.
   b. mucha gente toma el sol.
   c. el autobús no llega.

2 **Completar** Complete these sentences with the correct forms of **estar** and the conditions or emotions from the list.

abierto	cerrado	desordenado	sucio
aburrido	cómodo	equivocado	triste
cansado	contento	feliz	

1. No tenemos nada que hacer; _____estamos_____ muy _____aburridos/as_____ .

2. Humberto _____está_____ muy _____cómodo/ contento/feliz_____ en su cama nueva (*new*).

3. Los estudiantes no _____están_____ _____equivocados_____ ; ellos tienen razón.

4. Cuando Estela llega a casa a las diez de la noche, _____está_____ muy _____cansada_____ .

5. La habitación _____está_____ _____desordenada/ sucia_____ porque no tengo tiempo (*time*) de organizar los libros y papeles.

6. Son las once de la noche; no puedo ir a la biblioteca ahora porque _____está_____ _____cerrada_____ .

7. El auto de mi tío _____está_____ muy _____sucio_____ por la nieve y el lodo (*mud*) de esta semana.

8. Mi papá canta en la casa cuando _____está_____ _____contento/feliz_____ .

9. Alberto _____está_____ _____triste/aburrido_____ porque sus amigos están muy lejos.

10. Las ventanas _____están_____ _____abiertas_____ porque hace calor.

3 **Marta y Juan** Complete this letter using **estar** and the correct forms of the emotions and conditions. Do not use terms more than once.

abierto	cómodo	enamorado	nervioso
aburrido	confundido	enojado	ocupado
avergonzado	contento	equivocado	seguro
cansado	desordenado	feliz	triste

Querida Marta:

¿Cómo estás? Yo (1)____estoy feliz/contento____ porque mañana vuelvo a Puerto Rico y te voy a ver. Sé (I know) que tú (2)____estás triste____ porque tenemos que estar separados durante el semestre, pero (3)____estoy seguro____ de que (that) te van a aceptar en la universidad y que vas a venir en septiembre. La habitación en la residencia estudiantil no es grande, pero mi compañero de cuarto y yo (4)____estamos cómodos____ aquí. Las ventanas son grandes y (5)____están abiertas____ porque el tiempo es muy bueno en California. El cuarto no (6)____está desordenado____ porque mi compañero de cuarto es muy ordenado. En la semana mis amigos y yo (7)____estamos ocupados____ porque trabajamos y estudiamos muchas horas al día. Cuando llego a la residencia estudiantil por la noche, (8)____estoy cansado____ y me voy a dormir. Los fines de semana no (9)____estoy aburrido____ porque hay muchas cosas que hacer en San Diego. Ahora (10)____estoy nervioso____ porque mañana tengo que llegar al aeropuerto a las cinco de la mañana y está lejos de la universidad. Pero tengo ganas de estar contigo porque (11)____estoy enamorado____ de ti (you) y (12)____estoy contento/feliz____ porque te voy a ver mañana.

Te quiero mucho,

Juan

4 **¿Cómo están?** Read each sentence, then write a new one for each, using **estar** and an emotion or condition to tell how these people are doing or feeling.

> **modelo**
> Pepe tiene que estudiar muchas horas.
> *Pepe está ocupado.*

1. Vicente y Mónica tienen sueño. Vicente y Mónica están cansados.

2. No tenemos razón. Estamos equivocados/as.

3. El pasajero tiene miedo. El pasajero está nervioso.

4. A Paloma le gusta un chico de clase. Paloma está enamorada.

5. Los abuelos de Irene van de vacaciones a Puerto Rico. Los abuelos de Irene están contentos/felices.

6. No sé si (I don't know if) el examen va a ser fácil o difícil. No estoy seguro/a.

Lección 5 Estructura Activities   **11**

Lección 5

estructura

5.1 **Estar** with conditions and emotions

1 **Describir** For each drawing, you will hear two statements. Choose the one that corresponds to the drawing.

1. a.   (b.)   2. (a.)   b.

3. a.   (b.)   4. a.   (b.)

2 **Cambiar** Form a new sentence using the cue you hear as the subject. Repeat the correct answer after the speaker. (*8 items*)

> *modelo*
> Rubén está enojado con Patricia. (mamá)
> **Mamá *está enojada* con Patricia.**

3 **Preguntas** Answer each question you hear using the cues. Repeat the correct response after the speaker.

> *modelo*
> *You hear:* ¿Está triste Tomás?
> *You see:* no / contento/a
> *You say:* No, Tomás *está contento.*

1. no / abierto/a   3. su hermano   5. no / sucio/a
2. sí, (nosotros)   4. no / ordenado/a   6. estar de vacaciones, (yo)

4 **Situaciones** You will hear four brief conversations. Choose the statement that expresses how the people feel in each situation.

1. a. Ricardo está nervioso.   (b.) Ricardo está cansado.
2. (a.) La señora Fuentes está contenta.   b. La señora Fuentes está preocupada.
3. (a.) Eugenio está aburrido.   b. Eugenio está avergonzado.
4. a. Rosario y Alonso están equivocados.   (b.) Rosario y Alonso están enojados.

5.2 The present progressive

1 **Completar** Complete these sentences with the correct form of **estar** and the present participle of the verbs in parentheses.

1. Ana ____está buscando____ (buscar) pasajes de avión para Chile.

2. Vamos a ver a mis primos que ____están comiendo____ (comer) en el café de la esquina.

3. (Yo) ____Estoy empezando____ (empezar) a entender muy bien el español.

4. Miguel y Elena ____están viviendo____ (vivir) en un apartamento en la playa.

5. El padre de Antonio ____está trabajando____ (trabajar) en la oficina hoy.

6. (Tú) ____Estás jugando____ (jugar) al *Monopolio* con tu prima y su amiga.

7. Las familias ____están teniendo____ (tener) muchos problemas con los hijos adolescentes.

8. El inspector de aduanas ____está abriendo____ (abrir) las maletas de Ramón.

9. (Nosotros) ____Estamos pensando____ (pensar) en ir de vacaciones a Costa Rica.

10. Mi compañera de clase ____está estudiando____ (estudiar) en la biblioteca esta tarde.

2 **Están haciendo muchas cosas** Look at the illustration and label what each person is doing. Use the present progressive.

1. El señor Rodríguez está leyendo el periódico _____.

2. Pepe y Martita están jugando al fútbol _____.

3. Paquito está paseando en bicicleta _____.

4. Kim está sacando/tomando fotos/una foto _____.

5. Tus abuelos están paseando/caminando (por el parque) _____.

6. (Yo) Estoy tomando el sol _____.

7. La madre de David está patinando (en línea) _____.

8. (Tú) Estás nadando (en la piscina) _____.

5.2 The present progressive

1 **Escoger** Listen to what these people are doing. Then read the statements and choose the appropriate description.

1. (a.) Es profesor.   b. Es estudiante.

2. a. Es botones.   (b.) Es inspector de aduanas.

3. (a.) Eres artista.   b. Eres huésped.

4. (a.) Son jugadoras de fútbol.   b. Son programadoras.

5. a. Es ingeniero.   (b.) Es botones.

6. (a.) Somos turistas.   b. Somos empleados.

2 **Transformar** Change each sentence from the present tense to the present progressive. Repeat the correct answer after the speaker. (6 *items*)

> **modelo**
>
> Adriana confirma su reservación.
> Adriana *está confirmando su reservación.*

3 **Preguntas** Answer each question you hear using the cue and the present progressive. Repeat the correct response after the speaker.

> **modelo**
>
> *You hear:* ¿Qué hacen ellos?
> *You see:* jugar a las cartas
> *You say:* Ellos *están jugando a las cartas.*

1. hacer las maletas   3. dormir   5. hablar con el botones
2. pescar en el mar   4. correr en el parque   6. comer en el café

4 **Describir** You will hear some questions. Look at the drawing and respond to each question. Repeat the correct answer after the speaker. (6 *items*)

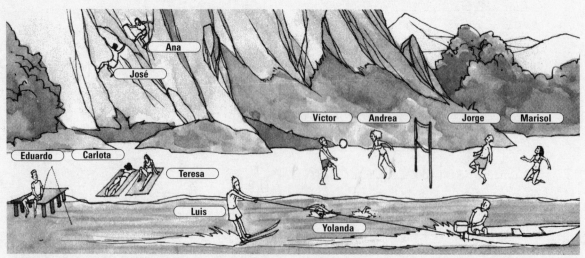

estructura 5.2

Estudiante 1

7 **¿Qué están haciendo?** (student text p. 169) A group of classmates is traveling to San Juan, Puerto Rico for a week-long Spanish immersion program. In order for the participants to be on time for their flight, you and your partner must locate them. You and your partner each have different handouts that will help you do this.

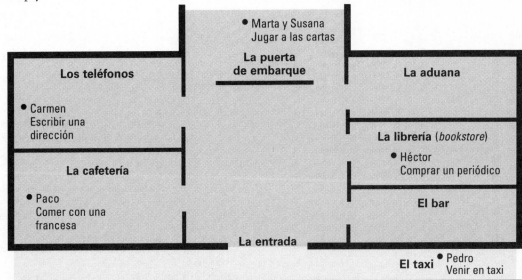

¿Dónde está(n)?	¿Qué está(n) haciendo?
1. Alicia	
2. Azucena	
3. Carmen	
4. Felipe	
5. Héctor	
6. Mario y José	
7. Marta y Susana	
8. Paco	
9. Pedro	
10. Roberto	

Lección 5 Communication Activities   **15**

Lección 5

Communication Activities

estructura 5.2

Estudiante 2

7 **¿Qué están haciendo?** (student text p. 169) A group of classmates is traveling to San Juan, Puerto Rico for a week-long Spanish immersion program. In order for the participants to be on time for their flight, you and your partner must locate them. You and your partner each have different handouts that will help you do this.

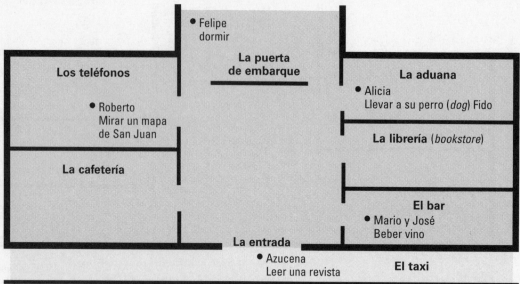

	¿Dónde está(n)?	¿Qué está(n) haciendo?
1. Alicia		
2. Azucena		
3. Carmen		
4. Felipe		
5. Héctor		
6. Mario y José		
7. Marta y Susana		
8. Paco		
9. Pedro		
10. Roberto		

5.3 Ser and estar

1 **Usos de *ser* y *estar*** Complete these sentences with **ser** and **estar**. Then write the letter that corresponds to the correct use of the verb in the blank at the end of each sentence.

Uses of *ser*	Uses of *estar*
a. Nationality and place of origin	i. Location or spatial relationships
b. Profession or occupation	j. Health
c. Characteristics of people and things	k. Physical states or conditions
d. Generalizations	l. Emotional states
e. Possession	m. Certain weather expressions
f. What something is made of	n. Ongoing actions (progressive tenses)
g. Time and date	
h. Where an event takes place	

1. El concierto de jazz _____es_____ a las ocho de la noche. ___g___

2. Inés y Pancho _____están_____ preocupados porque el examen va a ser difícil. ___l___

3. La playa _____está_____ sucia porque hay muchos turistas. ___k___

4. No puedo salir a tomar el sol porque _____está_____ nublado. ___m___

5. En el verano, Tito _____es_____ empleado del hotel Brisas de Loíza. ___b___

6. Rita no puede venir a clase hoy porque _____está_____ enferma. ___j___

7. La bicicleta nueva _____es_____ de David. ___e___

8. (Yo) _____Estoy_____ estudiando en la biblioteca porque tengo un examen mañana. ___n___

9. La piscina del hotel _____es_____ grande y bonita. ___c___

10. _____Es_____ importante estudiar, pero también tienes que descansar. ___d___

2 **¿Ser o estar?** In each of the following pairs, complete one sentence with the correct form of **ser** and the other with the correct form of **estar**.

1. Irene todavía no _____está_____ lista para salir.

   Ricardo _____es_____ el chico más listo de la clase.

2. Tomás no es un buen amigo porque _____es_____ muy aburrido.

   Quiero ir al cine porque _____estoy_____ muy aburrida.

3. Mi mamá está en cama porque _____está_____ mala del estómago (*stomach*).

   El restaurante que está cerca del laboratorio _____es_____ muy malo.

4. La mochila de Javier _____es_____ verde (*green*).

   No me gustan las bananas cuando _____están_____ verdes.

5. Elena _____está_____ más rubia por tomar el sol.

   La hija de mi profesor _____es_____ rubia.

6. Gabriela _____está_____ muy delgada porque está enferma (*sick*).

   Mi hermano _____es_____ muy delgado.

Lección 5 Estructura Activities **17**

3 **En el hotel** Describe the Hotel San Juan using these cues and either **ser** or **estar** as appropriate.

1. la habitación / limpio y ordenado

   La habitación está limpia y ordenada.

2. el restaurante del hotel / excelente

   El restaurante del hotel es excelente.

3. la puerta del ascensor / abierta

   La puerta del ascensor está abierta.

4. los otros huéspedes / franceses

   Los otros huéspedes son franceses.

5. (yo) / cansada de viajar

   Estoy cansada de viajar.

6. Paula y yo / buscando al botones

   Paula y yo estamos buscando al botones.

7. la empleada / muy simpática

   La empleada es muy simpática.

8. el botones / ocupado

   El botones está ocupado.

9. ustedes / en la ciudad de San Juan

   Ustedes están en la ciudad de San Juan.

10. (tú) / José Javier Fernández

    Eres José Javier Fernández.

4 **La familia Piñero** Complete this paragraph with the correct forms of **ser** and **estar**.

Los Piñero (1)_____son_____ de Nueva York, pero (2)_____están_____ de vacaciones

en Puerto Rico. (3)_____Están_____ en un hotel grande en el pueblo de Dorado. Los padres

(4)_____son_____ Elena y Manuel, y ahora (5)_____están_____ comiendo en el

restaurante del hotel. Los hijos (6)_____son_____ Cristina y Luis, y (7)_____están_____

nadando en la piscina. Ahora mismo (8)_____está_____ lloviendo, pero el sol va a salir

muy pronto (*soon*). Hoy (9)_____es_____ lunes y la familia (10)_____está_____

muy contenta porque puede descansar. El señor Piñero (11)_____es_____ profesor

y la señora Piñero (12)_____es_____ doctora. Los Piñero dicen: "¡Cuando

no (13)_____estamos_____ de vacaciones, (14)_____estamos_____ todo el tiempo

muy ocupados!".

5.3 Ser and estar

1 **Escoger** You will hear some questions with a beep in place of the verb. Decide which form of **ser** or **estar** should complete each question and circle it.

> **modelo**
> *You hear:* ¿Cómo (*beep*)?
> *You circle:* **estás** because the question is **¿Cómo estás?**

1. es   (está)   4. (Es)   Está
2. Son   (Están)   5. Es   (Está)
3. (Es)   Está   6. Es   (Está)

2 **¿Cómo es?** You just met Rosa Beltrán at a party. Describe her to a friend by using **ser** or **estar** with the cues you hear. Repeat the correct response after the speaker. (*6 items*)

> **modelo**
> muy amable
> *Rosa es muy amable.*

3 **¿Ser o estar?** You will hear the subject of a sentence. Complete the sentence using a form of **ser** or **estar** and the cue. Repeat the correct response after the speaker.

> **modelo**
> *You hear:* Papá
> *You see:* en San Juan
> *You say:* Papá está en San Juan.

1. inspector de aduanas   3. a las diez   5. el 14 de febrero
2. la estación del tren   4. ocupados   6. corriendo a clase

4 **¿Lógico o no?** You will hear some statements. Decide if they are **lógico** or **ilógico**.

1. Lógico   (Ilógico)   4. Lógico   (Ilógico)
2. (Lógico) Ilógico   5. Lógico   (Ilógico)
3. Lógico   (Ilógico)   6. (Lógico) Ilógico

5 **Ponce** Listen to Carolina's description of her vacation and answer the questions.

1. ¿Dónde está Ponce?
Ponce está en Puerto Rico. Está cerca del mar Caribe.

2. ¿Qué tiempo está haciendo?
Está lloviendo.

3. ¿Qué es el Parque de Bombas?
El Parque de Bombas es un museo.

4. ¿Qué día es hoy?
Hoy es martes.

5. ¿Por qué no va Carolina al Parque de Bombas hoy?
No va al Parque de Bombas hoy porque está cerrado.

Lección 5

Audio Activities

Lección 5

5.4 Direct object nouns and pronouns

1 **Monólogo de un viajero** Complete this monologue with the correct direct object pronouns.

Hoy es lunes. El sábado voy de viaje. Tengo cinco días, ¿no? Sí, (1)_____los_____ tengo. Tengo que conseguir un pasaje de ida y vuelta. ¡Imprescindible! Mi hermano trabaja en una agencia de viajes; él me (2)_____lo_____ consigue fácilmente. Tengo que buscar un buen mapa de la ciudad. En Internet (3)_____lo_____ puedo encontrar. Y en la biblioteca puedo encontrar libros sobre el país; libros sobre su historia, su arquitectura, su geografía, su gente... (4)_____los_____ voy a leer en el avión. También quiero comprar una mochila nueva, pero (5)_____la_____ quiero muy grande. ¿Y dónde está mi vieja cámara de fotos? (6)_____La_____ tengo que buscar esta noche. Voy a tomar muchas fotos; mi familia (7)_____las_____ quiere ver. Y... ¿cuándo voy a hacer las maletas? (8)_____Las_____ tengo que hacer el miércoles. Y eso es todo, ¿verdad? No, no es todo. Necesito encontrar un compañero o una compañera de viaje, pero hay un pequeño problema: ¿dónde (9)_____lo_____ encuentro o (10)_____la_____ encuentro?

Síntesis

On another sheet of paper, describe the room and the people in the illustration. Use complete sentences. Explain what the people are doing and feeling, and why. Then choose one of the groups of people and write a conversation that they could be having. They should discuss a vacation that they are planning, the arrangements they are making for it, and the things that they will need to take.

Answers will vary.

5.4 Direct object nouns and pronouns

1 **Escoger** Listen to each question and choose the most logical response.

1. a. Sí, voy a comprarlo.
   b. No, no voy a comprarla.
2. a. Joaquín lo tiene.
   b. Joaquín la tiene.
3. a. Sí, los puedo llevar.
   b. No, no te puedo llevar.
4. a. Irene los tiene.
   b. Irene las tiene.

5. a. Sí, te llevamos al partido.
   b. Sí, nos llevas al partido.
6. a. No, vamos a hacerlo mañana.
   b. No, vamos a hacerla mañana.
7. a. Va a conseguirlos mañana.
   b. Va a conseguirlas mañana.
8. a. Pienso visitarla el fin de semana.
   b. Pienso visitarte el fin de semana.

2 **Cambiar** Restate each sentence you hear using a direct object pronoun. Repeat the correct answer after the speaker. (6 *items*)

> **modelo**
> Isabel está mirando la televisión.
> Isabel está mirándola.

Isabel está mirando la televisión.

3 **No veo nada** You just broke your glasses and now you can't see anything. Respond to each statement using a direct object pronoun. Repeat the correct answer after the speaker. (6 *items*)

> **modelo**
> Allí está el Museo de Arte e Historia.
> ¿Dónde? No lo veo.

4 **Preguntas** Answer each question you hear in the negative. Repeat the correct response after the speaker. (6 *items*)

> **modelo**
> ¿Haces tu maleta?
> No, no la hago.

vocabulario

You will now hear the vocabulary found in your textbook on the last page of this lesson. Listen and repeat each Spanish word or phrase after the speaker.

escritura

Estrategia
Making an outline

When we write to share information, an outline can serve to separate topics and subtopics, providing a framework for the presentation of data. Consider the following excerpt from an outline of the tourist brochure on pages 180–181 of your textbook.

IV. Excursiones
   A. Bahía Fosforescente
      1. Salidas de noche
      2. Excursión en barco
   B. Parque Nacional Foresta
      1. Museo de Arte Nativo
      2. Reserva Mundial de la Biosfera

Mapa de ideas

Idea maps can be used to create outlines. (To review the use of idea maps, see **Lección 3 Escritura**.) The major sections of an idea map correspond to the Roman numerals in an outline. The minor idea map sections correspond to the outline's capital letters, and so on. Examine the idea map that led to the outline above.

Tema
Escribir un folleto

Antes de escribir

1. You are going to write a tourist brochure for a hotel or resort, real or imaginary. Create an outline or an idea map choosing information from each of the following categories. Be sure to include at least four minor sections in your outline or idea map. If you have selected a real hotel or resort and need more ideas, research it online to find more information about it.

I. II. III. IV. (Major sections)	A. B. C. D. (Minor sections)	1. 2. 3. 4. (Details of minor sections)
▶ name of hotel/resort	▶ description of exterior, interior, surrounding area, activities ▶ how to contact	▶ phone and fax numbers ▶ address of website ▶ e-mail address ▶ climate ▶ cultural attractions ▶ scenic natural attractions ▶ local geography ▶ recreational activities ▶ room layout and contents ▶ internal facilities ▶ grounds ▶ external facilities

2. Once you have created your outline, think of any other information not in the categories above that you would like to include and add it to the appropriate sections.

Escribir

Use your outline or idea map to create a tourist brochure for the hotel or resort you chose. Create a title for the brochure, as well as a title for each of the minor sections. Each minor section should have its own title and exist separately from the other sections. If you want to include drawings or downloaded visuals from the Internet, make sure you place them next to relevant sections of text.

Después de escribir

1. Exchange your outline and rough drafts with a partner. Comment on his or her work by answering these questions:

   ▶ Does your partner's rough draft match the outline or idea map that he or she created?
   ▶ Did your partner include at least four minor sections in the brochure?
   ▶ Does each minor section have a separate title?
   ▶ Does each minor section include some additional details about that topic?
   ▶ If your partner included visuals, do they help illustrate the text around them?
   ▶ Did your partner use **ser** and **estar** correctly when describing the hotel or resort?
   ▶ Did your partner use present tense verb forms correctly?
   ▶ Did your partner include adjectives that describe the hotel or resort in detail?

2. Revise your description according to your partner's comments. After writing the final version, read it once more to eliminate these kinds of problems:

   ▶ spelling errors
   ▶ punctuation errors
   ▶ capitalization errors
   ▶ noun-adjective agreement errors
   ▶ incorrect use of **ser** and **estar**
   ▶ use of the wrong verb form

¡Vacaciones en Perú!

Antes de ver el video

1 **Más vocabulario** Look over these useful words before you watch the video.

Vocabulario útil		
aislado/a *isolated*	**disfrutar** *to enjoy*	**se salvó** *was saved*
andino/a *Andean*	**el esfuerzo** *effort*	**la selva** *jungle*
ayudó *helped*	**hemos contratado** *we have hired*	**subir** *to climb, to go up*
el cultivo *farming*	**la obra** *work (of art)*	**la vuelta al mundo** *around the world*

2 **Completar** Complete these sentences. Make the necessary changes.

1. Machu Picchu es una _____obra_____ muy importante de la civilización inca.
   Esta (*This*) ciudad inca está rodeada (*surrounded*) de una gran _____selva_____.

2. Los incas fueron (*were*) grandes artistas y expertos en técnicas de _____cultivo_____
   como el sistema de terrazas (*terraces*).

3. Hoy muchos turistas van a _____disfrutar_____ de las ruinas incas y del maravilloso paisaje
   (*landscape*) andino.

4. Cada año miles de personas deciden _____subir_____ hasta Machu Picchu por el Camino Inca.

3 **¡En español!** Look at the video still. Imagine what Omar will say about Machu Picchu, and write
a two- or three-sentence introduction to this episode. Answers will vary.

Omar Fuentes, Perú

¡Bienvenidos a otra aventura de *Flash cultura*! Hoy estamos en…

_____

_____

_____

_____

_____

Mientras ves el video

4 **Descripción** What does Noemí say about the lost city of Machu Picchu? Complete this quote.
"Omar, te cuento (*let me tell you*) que Machu Picchu se salvó de la invasión (1)_____española_____
gracias a que se encuentra (*it's located*) (2)_____aislada_____ sobre esta (3)_____montaña_____,
como tú puedes ver. Y también la (4)_____selva_____ ayudó mucho… lo cubrió (*covered*)
rápidamente, y eso también contribuye".

5 **Emparejar** Watch the tourists describe their impressions of Machu Picchu. Match the captions to the appropriate people.

1. _____ e _____   2. _____ b _____

3. _____ c _____   4. _____ a _____

a. enigma y misterio   c. algo esplendoroso, algo único...   e. Nos encanta muchísimo.

b. magnífico y misterioso   d. ¡Fantástico!

Después de ver el video

6 **¿Cierto o falso?** Indicate whether each statement is **cierto** or **falso**.

1. Las ruinas de Machu Picchu están al lado del mar.   Falso
2. Hay menos de (*less than*) cien turistas por día en el santuario (*sanctuary*) inca.   Falso
3. Cuando visitas Machu Picchu, puedes contratar a un guía experto.   Cierto
4. Todos los turistas llegan a Machu Picchu en autobús.   Falso
5. Omar pregunta a los turistas por qué visitan Machu Picchu.   Cierto

7 **¡La vuelta al mundo!** Imagine that you are a travel agent and that the French globetrotting family is planning its next destination. Write a conversation between you and the mother. Suggest a destination, describe the activities the family can do, and work out how to get there, where to stay, and for how long.

Answers will vary.

_____

_____

_____

_____

_____

_____

_____

Lección 5

Video Activities: *Flash cultura*

panorama

Puerto Rico

1

¿Cierto o falso? Indicate if each statement is **cierto** or **falso**. Then correct the false statements.

1. El área de Puerto Rico es menor que (*smaller than*) la de Connecticut.
   Cierto.
   _____

2. Todos (*All*) los puertorriqueños hablan inglés y español.
   Falso. Aproximadamente la cuarta parte de la población puertorriqueña habla inglés.
   _____

3. La fortaleza del Morro protegía (*protected*) la bahía de Mayagüez.
   Falso. La fortaleza del Morro protegía la bahía de San Juan.
   _____

4. La música salsa tiene raíces españolas.
   Falso. La música salsa tiene orígenes puertorriqueños y cubanos.
   _____

5. Los científicos detectan emisiones de radio desde (*from*) el Observatorio de Arecibo.
   Cierto.
   _____

6. Los puertorriqueños no votan en las elecciones presidenciales de los Estados Unidos.
   Cierto.
   _____

2

Datos de Puerto Rico Complete these sentences with words and expressions from **Panorama**.

1. Más de la mitad de la población de Puerto Rico vive en _____ San Juan/la capital _____.

2. El uso del inglés es obligatorio para los documentos _____ federales _____.

3. _____ Roberto Clemente _____ fue (*was*) un beisbolista puertorriqueño famoso.

4. Hoy día, _____ Puerto Rico _____ es el centro internacional de la salsa.

5. El Observatorio de Arecibo tiene uno de los _____ radiotelescopios _____ más grandes del mundo.

6. Puerto Rico se hizo parte de los EE.UU. en 1898 y se hizo un _____ estado libre asociado _____ en 1952.

3

Cosas puertorriqueñas Fill in each category with information from **Panorama**.

Ciudades puertorriqueñas	Ríos puertorriqueños	Islas puertorriqueñas	Puertorriqueños célebres
San Juan	Río Grande de Añasco	Culebra	Raúl Juliá
Arecibo	Río Loíza	Vieques	Roberto Clemente
Bayamón			Julia de Burgos
Fajardo			Benicio del Toro
Mayagüez			Rosie Pérez
Ponce			Felipe Rodríguez

4 **¿Lo hacen?** Answer these questions correctly using a direct object pronoun in each answer.

> *modelo*
> ¿Lees el artículo de Puerto Rico?
> Sí, lo leo./ No, no lo leo.

1. ¿Usan los pesos como moneda los puertorriqueños?

   No, no los usan.

2. ¿Habla el idioma inglés la cuarta parte de la población puertorriqueña?

   Sí, lo habla.

3. ¿Sacan fotografías del Morro muchas personas?

   Sí, (muchas personas) las sacan.

4. ¿Tocan música salsa Felipe Rodríguez, El Gran Combo y Héctor Lavoe?

   Sí, la tocan.

5. ¿Estudian las montañas los científicos del Observatorio de Arecibo?

   No, no las estudian.

6. ¿Pagan impuestos federales los puertorriqueños?

   No, no los pagan.

5 **Fotos de Puerto Rico** Write the name of what is shown in each picture.

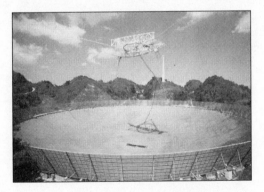

1. _____ Observatorio de Arecibo _____

2. _____ Una calle en Puerto Rico _____

3. _____ Faro en Arecibo _____

4. _____ Playa en San Juan _____

Lección 5 Panorama Activities

Lección 5

Panorama: Puerto Rico

Lección 5

Antes de ver el video

1 **Más vocabulario** Look over these useful words before you watch the video.

Vocabulario útil		
angosto *narrow*	calle *street*	plaza *square*
antiguo *old*	escultura *sculpture*	promocionar *to promote*
artesanías *handicrafts*	exposición *exhibition*	sitio *site*
bahía *bay*	fuente *fountain*	vender *to sell*
barrio *neighborhood*		

2 **Preferencias** This video describes the attractions that San Juan, the capital of Puerto Rico, has to offer. In Spanish, list at least three things that you like to do when you visit a new city. Answers will vary.

_____

_____

_____

_____

_____

_____

Mientras ves el video

3 **Cognados** Check off all the cognates you hear during the video.

_____ 1. aeropuerto

_____ 2. área

✔ 3. arte

✔ 4. artístico

✔ 5. cafés

_____ 6. calma

✔ 7. capital

✔ 8. construcciones

_____ 9. estrés

✔ 10. histórico

✔ 11. información

✔ 12. nacional

✔ 13. permanente

_____ 14. presidente

✔ 15. restaurantes

Después de ver el video

4 **Corregir** All of these statements are false. Rewrite them to correct the false information.

1. El Viejo San Juan es el barrio más moderno de la capital.

   El Viejo San Juan es el barrio más antiguo de la capital.

2. El Morro es el centro artístico y cultural de Puerto Rico.

   El Viejo San Juan es el centro artístico y cultural de Puerto Rico.

3. Muchos artistas locales compran sus creaciones en las calles.

   Muchos artistas locales venden sus creaciones en las calles.

4. En diciembre se celebra la Fiesta de la Calle San Sebastián con conciertos, exposiciones especiales de arte y un carnaval.

   En enero se celebra la Fiesta de la Calle San Sebastián con conciertos, exposiciones especiales de arte y un carnaval.

5. En el Museo de las Américas presentan exposiciones relacionadas con la historia de Norteamérica.

   En el Museo de las Américas presentan exposiciones relacionadas con la historia de Latinoamérica.

6. Todos los días, más de un millón de visitantes llegan al Centro de Información de Turismo del Viejo San Juan.

   Todos los años, más de un millón de visitantes llegan al Centro de Información de Turismo del Viejo San Juan.

5 **Completar** Complete the sentences with words from the word bank.

camina	coloniales	excelente	galerías	promociona
capital	esculturas	exposición	hermoso	realiza

1. En la bahía de la _____capital_____ de Puerto Rico está el Castillo de San Felipe del Morro.

2. Muchas de las construcciones del Viejo San Juan son _____coloniales_____.

3. En la mayoría de los parques hay _____esculturas_____ inspiradas en la historia del país.

4. El Instituto de Cultura Puertorriqueña _____promociona_____ eventos culturales en la isla.

5. Hay muchas _____galerías_____ de arte y museos.

6. En el Museo de San Juan hay una _____exposición_____ permanente de la historia de Puerto Rico.

6 **Preferencias** Of all the places in San Juan that were described, which one did you find most interesting? In Spanish, describe this place and explain why you found it interesting. Answers will vary.

_____

_____

_____

_____

Lección 5

Video Activities: *Panorama cultural*

contextos

1 **El almacén** Look at the department store directory. Then complete the sentences with terms from the word list.

> ### Almacén Gema
>
> | | |
> |---|---|
> | PRIMER PISO | Departamento de caballeros |
> | SEGUNDO PISO | Ropa de invierno y zapatos |
> | TERCER PISO | Departamento de damas y óptica |
> | CUARTO PISO | Ropa interior, ropa de verano y trajes de baño |

abrigos	corbatas	sandalias
blusas	faldas	trajes de baño
bolsas	gafas de sol	trajes de hombre
botas	guantes	vestidos
calcetines	medias	zapatos de tenis
cinturones	pantalones de hombre	

1. En el primer piso puedes encontrar _cinturones, corbatas, pantalones de hombre, trajes de hombre_ _____

2. En el segundo piso puedes encontrar _abrigos, botas, guantes, sandalias, zapatos de tenis_ _____

3. En el tercer piso puedes encontrar _blusas, bolsas, cinturones, faldas, gafas de sol, vestidos_ _____

4. En el cuarto piso puedes encontrar _calcetines, medias, trajes de baño_ _____

5. Quiero unos pantalones cortos. Voy al _cuarto_ _____ piso.

6. Buscas unos lentes. Vas al _tercer_ _____ piso.

7. Arturo ve una chaqueta en el _primer/segundo_ _____ piso.

8. Ana ve los jeans en el _tercer_ _____ piso.

2 **Necesito muchas cosas** Complete these sentences with the correct terms.

1. Voy a nadar en la piscina. Necesito _un traje de baño_ _____.

2. Está lloviendo mucho. Necesito _un impermeable_ _____.

3. No puedo ver bien porque hace sol. Necesito _gafas de sol/lentes de sol_ _____.

4. Voy a correr por el parque. Necesito _zapatos de tenis_ _____.

5. Queremos entrar en muchas tiendas diferentes. Vamos al _centro comercial_ _____.

6. No tengo dinero en la cartera. Voy a pagar con la _tarjeta de crédito_ _____.

3   **Los colores** Answer these questions in complete sentences.

1. ¿De qué color es el chocolate?

   El chocolate es marrón/café/blanco.

2. ¿De qué color son las berenjenas *(eggplants)*?

   Las berenjenas son moradas.

3. ¿De qué color son las naranjas *(oranges)*?

   Las naranjas son anaranjadas/amarillas/verdes.

4. ¿De qué colores es la bandera *(flag)* de los Estados Unidos?

   La bandera de los Estados Unidos es roja, blanca y azul.

5. ¿De qué color son las nubes *(clouds)* cuando está nublado?

   Cuando está nublado, las nubes son grises./Las nubes son grises cuando está nublado.

6. ¿De qué color son los bluejeans?

   Los bluejeans son azules.

7. ¿De qué color son muchos aviones?

   Muchos aviones son blancos.

8. ¿De qué color son las palabras de este libro?

   Las palabras de este libro son negras.

4   **¿Qué lleva?** Look at the illustration and fill in the blanks with the names of the numbered items.

5. la camiseta
4. la chaqueta
2. la corbata
10. la blusa
6. la camisa
8. el cinturón
3. la falda
1. los pantalones/ los (blue)jeans
7. los zapatos
9. las sandalias

contextos

1 **¿Lógico o ilógico?** Listen to each statement and indicate if it is **lógico** or **ilógico**.

1. (Lógico) Ilógico   5. (Lógico) Ilógico
2. (Lógico) Ilógico   6. Lógico (Ilógico)
3. Lógico (Ilógico)   7. Lógico (Ilógico)
4. (Lógico) Ilógico   8. (Lógico) Ilógico

2 **Escoger** Listen as each person talks about the clothing he or she needs to buy. Then choose the activity for which the clothing would be appropriate.

1. (a.) ir a la playa   b. ir al cine
2. a. jugar al golf   (b.) buscar trabajo (*work*)
3. a. salir a bailar   (b.) ir a las montañas
4. (a.) montar a caballo   b. jugar a las cartas
5. (a.) jugar al vóleibol   b. comer en un restaurante elegante
6. (a.) hacer un viaje   b. patinar en línea

3 **Preguntas** Respond to each question saying that the opposite is true. Repeat the correct answer after the speaker. (*6 items*)

> **modelo**
> Las sandalias cuestan mucho, ¿no?
> No, las sandalias *cuestan poco*.

4 **Describir** You will hear some questions. Look at the drawing and write the answer to each question.

Diana   Carmen

1. Diana es la clienta. _____

2. No, no venden ropa para hombres en la tienda./No, sólo venden ropa para mujeres./
   No, no venden ropa para hombres, venden ropa para mujeres.

3. Va a comprar una falda/un pantalón y una blusa/camiseta. _____

4. Puedes/Usted puede comprar guantes, pero no puedes/puede comprar calcetines (en la tienda).

En el mercado
Lección 6

Antes de ver el video

1 **Describir** Look at the image and describe what you see, answering these questions: Where are Maru, Jimena, and Marissa? Who are they talking to? What is the purpose of their conversation?

Answers will vary.

_____

_____

_____

_____

_____

_____

_____

Mientras ves el video

2 **Ordenar** Watch **En el mercado** and indicate the order in which you hear the following.

___6___ a. Acabamos de comprar tres bolsas por 480 pesos.

___1___ b. ¿Encontraron el restaurante?

___2___ c. Esta falda azul es muy elegante.

___4___ d. Le doy un muy buen precio.

___3___ e. Mira, son cuatro. Roja, amarilla, blanca, azul.

___5___ f. Acabo de ver una bolsa igual a ésta que cuesta 30 pesos menos.

3 **Mérida** Check each thing you see.

_____ 1. una tarjeta de crédito

__✓__ 2. una blusa

__✓__ 3. un mercado

_____ 4. un impermeable

__✓__ 5. unos aretes

__✓__ 6. un vendedor

4 **¿Quién lo dijo?** Indicate whether Marissa, Miguel, or don Guillermo said each sentence.

_____Miguel_____ 1. Quiero comprarle un regalo a Maru.

_____Marissa_____ 2. ¿Me das aquella blusa rosada? Me parece que hace juego con esta falda.

_____Miguel_____ 3. ¿Puedo ver ésos, por favor?

Don Guillermo 4. Hasta más tarde. Y ¡buena suerte!

_____Marissa_____ 5. Me contaron que los vendedores son muy simpáticos.

Video Activities: *Fotonovela*

Lección 6

Después de ver el video

5 **Completar** Complete the following sentences with words from the box.

azul	hermana	novia
camisetas	mercado	regatear
en efectivo	negro	vender

1. Juan Carlos, Felipe y Miguel creen que las chicas no saben _____ regatear _____.

2. Los seis amigos van de compras a un _____ mercado _____.

3. Marissa dice que el color _____ azul _____ está de moda.

4. Miguel quiere comprarle un regalo a su _____ novia _____ Maru.

5. Las _____ camisetas _____ de Juan Carlos y Felipe costaron 200 pesos.

6. Las chicas pagan 480 pesos _____ en efectivo _____ por las bolsas.

6 **Corregir** All these statements are false. Rewrite them so they are true.

1. Jimena dice que la ropa del mercado es muy fea.

   Jimena dice que la ropa del mercado es muy bonita.

2. Marissa usa la talla 6.

   Marissa usa la talla 4.

3. Maru compró una blusa.

   Maru compró una bolsa.

4. Miguel compró un abrigo para Maru.

   Miguel compró unos aretes para Maru.

7 **Preguntas** Answer these questions in Spanish. Answers will vary.

1. ¿Te gusta ir de compras? ¿Por qué? _____

   _____

2. ¿Adónde vas de compras? ¿Por qué? _____

   _____

3. ¿Con quién(es) vas de compras? ¿Por qué? _____

   _____

4. Imagina que estás en un centro comercial y que tienes mil dólares. ¿Qué vas a comprar? ¿Por qué?

   _____

   _____

5. Cuando tus familiares compran un auto, ¿regatean con el/la vendedor(a)? ¿Qué dicen?

   _____

   _____

Lección 6

Video Activities: *Fotonovela*

pronunciación   Lección 6

The consonants **d** and **t**

Like **b** and **v**, the Spanish **d** can have a hard sound or a soft sound, depending on which letters appear next to it.

¿**D**ónde?   ven**d**er   na**d**ar   ver**d**a**d**

At the beginning of a phrase and after **n** or **l**, the letter **d** is pronounced with a hard sound. This sound is similar to the English *d* in *dog*, but a little softer and duller. The tongue should touch the back of the upper teeth, not the roof of the mouth.

Don   **d**inero   tien**d**a   fal**d**a

In all other positions, **d** has a soft sound. It is similar to the English *th* in *there*, but a little softer.

me**d**ias   ver**d**e   vesti**d**o   hués**pe**d

When **d** begins a word, its pronunciation depends on the previous word. At the beginning of a phrase or after a word that ends in **n** or **l**, it is pronounced as a hard **d**.

Don **D**iego no tiene el **d**iccionario.

Words that begin with **d** are pronounced with a soft **d** if they appear immediately after a word that ends in a vowel or any consonant other than **n** or **l**.

Doña **D**olores es **d**e la capital.

When pronouncing the Spanish **t**, the tongue should touch the back of the upper teeth, not the roof of the mouth. In contrast to the English *t*, no air is expelled from the mouth.

traje   pan**t**alones   **t**arje**t**a   **t**ien**d**a

1 **Práctica** Repeat each phrase after the speaker to practice the **d** and the **t**.

1. Hasta pronto.
2. De nada.
3. Mucho gusto.
4. Lo siento.
5. No hay de qué.
6. ¿De dónde es usted?
7. ¡Todos a bordo!
8. No puedo.
9. Es estupendo.
10. No tengo computadora.
11. ¿Cuándo vienen?
12. Son las tres y media.

2 **Oraciones** When you hear the number, read the corresponding sentence aloud, focusing on the **d** and **t** sounds. Then listen to the speaker and repeat the sentence.

1. Don Teodoro tiene una tienda en un almacén en La Habana.
2. Don Teodoro vende muchos trajes, vestidos y zapatos todos los días.
3. Un día un turista, Federico Machado, entra en la tienda para comprar un par de botas.
4. Federico regatea con don Teodoro y compra las botas y también un par de sandalias.

3 **Refranes** Repeat each saying after the speaker to practice the **d** and the **t**.

1. En la variedad está el gusto.   2. Aunque la mona se vista de seda, mona se queda.

4 **Dictado** You will hear four sentences. Each will be said twice. Listen carefully and write what you hear.

1. Teresa y David toman el autobús al centro comercial.

2. Teresa desea comprar una chaqueta y un cinturón rosado.

3. David necesita una corbata verde y unos pantalones cortos.

4. Van a una tienda de ropa donde encuentran todo.

Lección 6 — Audio Activities

estructura

6.1 Saber and conocer

1 **¿Saber o conocer?** Complete the sentences, using **saber** and **conocer**.

1. (yo) No _____conozco_____ a los padres de Juan Carlos.

2. Marissa _____conoce_____ las ciudades de Canadá.

3. ¿(Maru, tú) _____Sabes_____ dónde estamos?

4. Yo _____sé_____ hablar italiano y francés.

5. La señora Díaz _____conoce_____ bien la capital de México.

6. Jimena y yo no _____conocemos_____ a los otros turistas.

2 **¿Qué hacen?** Complete the sentences, using the verbs from the word bank. Use each verb only once.

conducir	ofrecer	saber
conocer	parecer	traducir

1. El señor Díaz _____conduce_____ su automóvil todos los días.

2. Miguel _____sabe_____ usar su computadora muy bien.

3. Jimena _____parece_____ ser una estudiante excelente.

4. Miguel y Maru no _____conocen_____ bien al vendedor.

5. La Universidad del Mar _____ofrece_____ cursos muy interesantes.

6. Nosotros _____traducimos_____ libros a diferentes lenguas extranjeras.

3 **Oraciones completas** Create sentences, using the elements and **saber** or **conocer**.

1. Eugenia / mi amiga Anita

   Eugenia conoce a mi amiga Anita.

2. Pamela / hablar español muy bien

   Pamela sabe hablar español muy bien.

3. el sobrino de Rosa / leer y escribir

   El sobrino de Rosa sabe leer y escribir.

4. José y Laura / la ciudad de Barcelona

   José y Laura conocen la ciudad de Barcelona.

5. nosotros no / llegar al centro comercial

   Nostros no sabemos llegar al centro comercial.

6. yo / el profesor de literatura

   Yo conozco al profesor de literatura.

7. Elena y María Victoria / patinar en línea

   Elena y María Victoria saben patinar en línea.

estructura

6.1 Saber and conocer

1 **¿Saber o conocer?** You will hear some sentences with a beep in place of the verb. Decide which form of **saber** or **conocer** should complete each sentence and circle it.

> **modelo**
> You hear: (Beep) cantar.
> You circle: **Sé** because the sentence is **Sé cantar.**

1. Sé   (Conozco)   3. Sabemos   (Conocemos)   5. (Sabes)   Conoces
2. (Saben)   Conocen   4. Sé   (Conozco)   6. (Sabes)   Conoces

2 **Cambiar** Listen to the following statements and say that you do the same activities. Repeat the correct answer after the speaker. (*5 items*)

> **modelo**
> Julia sabe nadar.
> Yo también sé nadar.

3 **Preguntas** Answer each question using the cue you hear. Repeat the correct response after the speaker. (*6 items*)

> **modelo**
> ¿Conocen tus padres Antigua? (Sí)
> Sí, mis padres conocen Antigua.

4 **Mi compañera de cuarto** Listen as Jennifer describes her roommate. Then read the statements and decide whether they are **cierto** or **falso**.

	Cierto	Falso
1. Jennifer conoció (*met*) a Laura en la escuela primaria.	○	⊘
2. Laura sabe hacer muchas cosas.	⊘	○
3. Laura sabe hablar alemán.	○	⊘
4. Laura sabe buscar gangas.	⊘	○
5. Laura sabe patinar en línea.	⊘	○
6. Laura conoce a algunos muchachos simpáticos.	⊘	○

5 **De compras** Listen to this conversation between Carmen and Rosalía. Then choose the correct answers to the questions.

1. ¿Cuál es el problema de Carmen cuando va de compras?
   a. Siempre encuentra gangas.   (b.) Nunca encuentra ofertas.
2. ¿Conoce Carmen el nuevo centro comercial?
   (a.) No lo conoce, pero sabe dónde está.   b. Ni lo conoce ni sabe dónde está.
3. ¿Qué quiere comprar Rosalía en el centro comercial?
   (a.) Quiere comprar zapatos.   b. Quiere comprar una camiseta.
4. ¿Cuándo van Carmen y Rosalía de compras?
   a. Mañana antes del trabajo.   (b.) Mañana después del trabajo.

Lección 6

Audio Activities

6.2 Indirect object pronouns

1 **¿A quién?** Complete these sentences with the correct indirect object pronouns.

1. _____Le_____ pido a la profesora los libros de español.

2. Amelia _____nos_____ pregunta a nosotras adónde queremos ir.

3. El empleado _____les_____ busca trabajo a sus primas en el almacén.

4. Julio _____les_____ quiere dar un televisor nuevo a sus padres.

5. Los clientes _____nos_____ piden rebajas a nosotros todos los años.

6. Tu hermano no _____te_____ presta la ropa a ti (*you*).

7. La empleada de la tienda _____le_____ cerró la puerta a mi tía.

8. La mamá no _____les_____ hace la tarea a sus hijos.

9. Tus padres _____Te_____ deben dar mucho dinero a ti, porque llevas ropa muy cara.

10. Las dependientas _____me_____ traen el vestido rosado a mí.

2 **Planes** Complete this paragraph with the correct indirect object pronouns and find out Sara's plans for this summer.

Mis amigos Loles, Antonio y Karen (1)_____me_____ preguntan a mí si quiero ir a Italia con ellos este verano. Yo (2)_____les_____ digo: "¡Sí, síí, síííííí!" Ellos (3)_____le_____ quieren pedir un libro o dos a la profesora de historia del arte. Yo (4)_____les_____ quiero dar a ellos un álbum de fotos muy interesante. El novio de mi hermana es italiano. Él tiene una colección con dos mil cuatrocientas sesenta y tres fotos de muchas ciudades y museos de su país. (5)_____Le_____ voy a preguntar a mi hermana dónde lo tiene y a mis padres (6)_____les_____ voy a decir: "¡Mamá, papá, en agosto voy a Italia con unos amigos! La señorita Casanova (7)_____nos/les_____ va a prestar un par de libros y el novio de Ángeles (8)_____nos/les_____ va a prestar su maravilloso álbum de fotos".

Loles tiene suerte. Su tía (9)_____le_____ va a pagar el pasaje. Antonio y Karen van a trabajar en el centro comercial los meses de junio y julio. ¿Y yo qué hago? ¿Quién (10)_____me_____ va a pagar el pasaje a mí? ¿A quién (11)_____le_____ pido dinero yo? ¿A papá?... Pero él (12)_____me_____ dice: "Sarita, hija, lo siento, pero yo no (13)_____te_____ puedo pagar tu pasaje. Tu prima (14)_____te_____ puede dar trabajo de dependienta en su tienda de ropa". ¡¡¿Trabajo?!!

3 **Delante o detrás** Rewrite these sentences, using an alternate placement for the indirect object pronouns.

> **modelo**
> Me quiero comprar un suéter nuevo.
> *Quiero comprarme un suéter nuevo.*

1. Les vas a dar muchos regalos a tus padres.

   Vas a darles muchos regalos a tus padres.

2. Quiero comprarles unos guantes a mis sobrinos.

   Les quiero comprar unos guantes a mis sobrinos.

3. Clara va a venderle sus libros de literatura a su amiga.

   Clara le va a vender sus libros de literatura a su amiga.

4. Los clientes nos pueden pagar con tarjeta de crédito.

   Los clientes pueden pagarnos con tarjeta de crédito.

4 **De compras** Complete the paragraph with the correct indirect object pronouns.

Isabel y yo vamos de compras al centro comercial. Yo (1)_____ les _____ tengo que

comprar unas cosas a mis parientes porque voy a viajar a la ciudad de mis tíos este fin de semana.

A mi prima Laura (2)_____ le _____ quiero comprar unas gafas de sol, pero ella

(3)_____ me _____ tiene que comprar un traje de baño a mí. A mis dos primos

(4)_____ les _____ voy a comprar una pelota de béisbol. A mi tío

(5)_____ le _____ llevo un libro y a mi tía (6)_____ le _____ tengo que conseguir

una blusa. (7)_____ Les _____ quiero llevar camisetas con el nombre de mi ciudad a todos.

5 **Respuestas** Answer these questions negatively. Use indirect object pronouns in the answer.

> **modelo**
> ¿Le compras una camisa a tu novio?
> *No, no le compro una camisa.*

1. ¿Le escribe Rolando un mensaje electrónico a Miguel?

   No, no le escribe un mensaje electrónico.

2. ¿Nos trae el botones las maletas a la habitación?

   No, no nos trae las maletas a la habitación.

3. ¿Les dan gafas de sol los vendedores a los turistas?

   No, no les dan gafas de sol.

4. ¿Te compra botas en el invierno tu mamá?

   No, no me compra botas.

5. ¿Les muestra el traje a ustedes el dependiente?

   No, no nos muestra el traje.

6. ¿Me vas a buscar la revista en la librería?

   No, no te voy a buscar la revista en la librería.

6.2 Indirect object pronouns

1 **Escoger** Listen to each question and choose the most logical response.

1. a. Sí, le muestro el abrigo.

   (b.) Sí, me muestra el abrigo.

2. (a.) No, no le presto el suéter azul.

   b. No, no te presto el suéter azul.

3. (a.) Voy a comprarles ropa interior.

   b. Vamos a comprarle ropa interior.

4. a. Sí, nos dan las nuevas sandalias.

   (b.) Sí, me dan las nuevas sandalias.

5. (a.) Nos cuestan veinte dólares.

   b. Les cuestan veinte dólares.

6. a. Sí, nos trae un sombrero.

   (b.) Sí, te traigo un sombrero.

2 **Transformar** Cecilia is shopping. Say for whom she buys these items using indirect object pronouns. Repeat the correct answer after the speaker. (*6 items*)

> **modelo**
> Cecilia compra una bolsa para Dora.
> *Cecilia le compra una bolsa.*

3 **Preguntas** Answer each question you hear using the cue. Repeat the correct response after the speaker.

> **modelo**
> *You hear:* ¿Quién está esperándote?
> *You see:* Mauricio
> *You say:* Mauricio está esperándome.

1. sí

2. $50,00

3. no

4. su traje nuevo

5. Antonio

6. bluejeans

4 **En el centro comercial** Listen to this conversation and answer the questions.

1. ¿Quién es Gustavo?

   Gustavo es el novio de Norma.

2. ¿Qué está haciendo Gustavo?

   Está comprándole/Le está comprando una falda a Norma.

3. ¿Qué le pregunta Gustavo a José?

   Le pregunta/preguntó qué talla usa Norma./Le pregunta/preguntó la talla de Norma.

4. ¿Por qué le presta dinero José?

   Le presta/prestó dinero porque la falda es cara.

5. ¿Cuándo va a regalarle (*to give*) la falda a Norma?

   Va a regalarle/Le va a regalar la falda esa/esta noche.

6.3 Preterite tense of regular verbs

1   **El pretérito**   Complete these sentences with the preterite tense of the indicated verb.

1. Marcela _____ encontró _____ (encontrar) las sandalias debajo de la cama.

2. Gustavo _____ recibió _____ (recibir) un regalo muy bonito.

3. Sara y Viviana _____ terminaron _____ (terminar) el libro al mismo tiempo.

4. La agente de viajes _____ preparó _____ (preparar) un itinerario muy interesante.

5. (yo) _____ Visité _____ (visitar) la ciudad en invierno.

6. Los dependientes _____ escucharon _____ (escuchar) el partido por la radio.

7. Patricia y tú _____ viajaron _____ (viajar) a México el verano pasado.

8. (nosotras) _____ Escribimos _____ (escribir) una carta al empleado del almacén.

9. (tú) _____ Regresaste _____ (regresar) del centro comercial a las cinco de la tarde.

10. Ustedes _____ vivieron _____ (vivir) en casa de sus padres.

2   **Ahora y en el pasado**   Rewrite these sentences in the preterite tense.

1. Ramón escribe una carta al director del programa.

   Ramón escribió una carta al director del programa.

2. Mi tía trabaja de dependienta en un gran almacén.

   Mi tía trabajó de dependienta en un gran almacén.

3. Comprendo el trabajo de la clase de inglés.

   Comprendí el trabajo de la clase de inglés.

4. La familia de Daniel vive en Argentina.

   La familia de Daniel vivió en Argentina.

5. Virginia y sus amigos comen en el café de la librería.

   Virginia y sus amigos comieron en el café de la librería.

6. Los ingenieros terminan la construcción de la tienda en junio.

   Los ingenieros terminaron la construcción de la tienda en junio.

7. Llevas un vestido muy elegante a la escuela.

   Llevaste un vestido muy elegante a la escuela.

8. Los turistas caminan, compran y descansan.

   Los turistas caminaron, compraron y descansaron.

9. Corremos cada día en el parque.

   Corrimos cada día en el parque.

Lección 6

3 **Confundido** Your friend Mario has a terrible memory. Answer his questions negatively, indicating that what he asks already happened.

> **modelo**
> ¿Va a comprar ropa Silvia en el centro comercial?
> No, Silvia ya *compró ropa en el centro comercial.*

1. ¿Va a viajar a Perú tu primo Andrés?

   No, mi primo Andrés ya viajó a Perú.

2. ¿Vas a buscar una tienda de computadoras en el centro comercial?

   No, ya busqué una tienda de computadoras en el centro comercial.

3. ¿Vamos a encontrar muchas rebajas en el centro?

   No, ya encontramos muchas rebajas en el centro.

4. ¿Va María a pagar las sandalias en la caja?

   No, María ya pagó las sandalias en la caja.

5. ¿Van a regatear con el vendedor Mónica y Carlos?

   No, Mónica y Carlos ya regatearon con el vendedor.

6. ¿Va a pasear por la playa tu abuela?

   No, mi abuela ya paseó por la playa.

4 **La semana pasada** Now Mario wants to know what you did last week. Write his question, then answer it affirmatively or negatively.

> **modelo**
> sacar fotos de los amigos
> —¿Sacaste fotos de los amigos?
> —Sí, saqué fotos de los amigos./No, no saqué fotos de los amigos.

1. pagar el abrigo con la tarjeta de crédito

   ¿Pagaste el abrigo con la tarjeta de crédito?, Sí, pagué el abrigo con la tarjeta de crédito./No, no pagué el abrigo con

   la tarjeta de crédito.

2. jugar al tenis

   ¿Jugaste al tenis?, Sí, jugué al tenis./No, no jugué al tenis.

3. buscar un libro en la biblioteca

   ¿Buscaste un libro en la biblioteca?, Sí, busqué un libro en la biblioteca./ No, no busqué un libro en la biblioteca.

4. llegar tarde a clase

   ¿Llegaste tarde a clase?, Sí, llegué tarde a clase./No, no llegué tarde a clase.

5. empezar a escribir una carta

   ¿Empezaste a escribir una carta?, Sí, empecé a escribir una carta./No, no empecé a escribir una carta.

Lección 6 Estructura Activities

Lección 6

6.3 Preterite tense of regular verbs

1   Identificar Listen to each sentence and decide whether the verb is in the present or the preterite tense. Mark an **X** in the appropriate column.

> **modelo**
>
> *You hear:* Alejandro llevó un suéter marrón.
> *You mark:* an **X** under **Preterite**.

	Present	*Preterite*
Modelo		**X**
1.		X
2.	X	
3.		X
4.	X	
5.	X	
6.		X
7.		X
8.		X

2   Cambiar Change each sentence from the present to the preterite. Repeat the correct answer after the speaker. (*8 items*)

> **modelo**
>
> Compro unas sandalias baratas.
> *Compré unas sandalias baratas.*

3   Preguntas Answer each question you hear using the cue. Repeat the correct response after the speaker.

> **modelo**
>
> *You hear:* ¿Dónde conseguiste tus botas?
> *You see:* en la tienda Lacayo
> *You say: Conseguí mis botas en la tienda Lacayo.*

1. $26,00   2. ayer   3. Marta   4. no   5. no   6. no

4   ¿Estás listo? Listen to this conversation between Matilde and Hernán. Make a list of the tasks Hernán has already done in preparation for his trip and a list of the tasks he still needs to do.

Tareas completadas	Tareas que necesita hacer
Compró el pasaje de avión.	Necesita confirmar la reservación para el hotel con la agente de viajes.
Encontró su pasaporte.	
Preparó la maleta.	Necesita leer el/su libro sobre Cuba.
Decidió no llevar la mochila.	

estructura 6.3

Estudiante 1

6 **El fin de semana** (student text p. 209) You and your partner each have different incomplete charts about what four employees at **Almacén Gigante** did last weekend. After you fill out the chart based on each other's information, you will fill out the final column about your partner. Remember to use the preterite tense.

Vocabulario útil

abrir	comprar	leer	trabajar
acampar	correr	llegar	vender
bailar	escribir	mirar	ver
beber	hablar	oír	viajar
comer	jugar	tomar	volver

	Margarita	Pablo y Ramón	Señora Zapata	Mi compañero/a
El viernes por la noche				
El sábado por la mañana				
El sábado por la noche				
El domingo				

Lección 6

Communication Activities

estructura 6.3

Estudiante 2

6 **El fin de semana** (student text p. 209) You and your partner each have different incomplete charts about what four employees at **Almacén Gigante** did last weekend. After you fill out the chart based on each other's information, you will fill out the final column about your partner. Remember to use the preterite tense.

Vocabulario útil

abrir	comprar	leer	trabajar
acampar	correr	llegar	vender
bailar	escribir	mirar	ver
beber	hablar	oír	viajar
comer	jugar	tomar	volver

	Margarita	Pablo y Ramón	Señora Zapata	Mi compañero/a
El viernes por la noche				
El sábado por la mañana				
El sábado por la noche				
El domingo				

6.4 Demonstrative adjectives and pronouns

1 **De compras** Complete these sentences with the correct form of the adjective in parentheses.

1. Me quiero comprar _____estos_____ (*these*) zapatos porque me gustan mucho.

2. Comimos en _____ese_____ (*that*) centro comercial la semana pasada.

3. _____Aquella_____ (*that over there*) tienda vende las gafas de sol a un precio muy alto (*high*).

4. Las rebajas en _____este_____ (*this*) almacén son fenomenales.

5. _____Esas_____ (*those*) botas hacen juego con tus pantalones negros.

6. Voy a llevar _____estos_____ (*these*) pantalones con la blusa roja.

2 **Claro que no** Your friend Mario hates shopping, and can't keep anything straight. Answer his questions negatively, using the cues in parentheses and the corresponding demonstrative adjectives.

> **modelo**
> ¿Compró esas medias Sonia? (cartera)
> **No, compró esa cartera.**

1. ¿Va a comprar ese suéter Gloria? (pantalones)

   No, (Gloria) va a comprar esos pantalones.

2. ¿Llevaste estas sandalias? (zapatos de tenis)

   No, llevé estos zapatos de tenis.

3. ¿Quieres ver esta ropa interior? (medias)

   No, quiero ver estas medias.

4. ¿Usa aquel traje David? (chaqueta negra)

   No, (David) usa aquella chaqueta negra.

5. ¿Decidió Silvia comprar esas gafas de sol? (sombrero)

   No, (Silvia) decidió comprar ese sombrero.

6. ¿Te mostró el vestido aquella vendedora? (dependiente)

   No, me mostró el vestido aquel dependiente.

3 **Ésos no** Complete these sentences using demonstrative pronouns. Choose a pronoun for each sentence, paying attention to agreement.

1. Aquellas sandalias son muy cómodas, pero ____éstas/ésas/aquéllas____ son más elegantes.

2. Esos vestidos largos son muy caros; voy a comprar ____éstos/ésos/aquéllos____.

3. No puedo usar esta tarjeta de crédito; tengo que usar ____ésta/ésa/aquélla____.

4. Esos zapatos tienen buen precio, pero ____éstos/ésos/aquéllos____ no.

5. Prefiero este sombrero porque ____éste/ése/aquél____ es muy grande.

6. Estas medias son buenas; las prefiero a ____éstas/ésas/aquéllas____.

Lección 6 Estructura Activities **47**

Lección 6

4   **Éstas y aquéllas** Look at the illustration and complete this conversation with the appropriate demonstrative adjectives and pronouns.

CLAUDIA   ¿Quieres comprar (1)_____esta_____ corbata, Gerardo?

GERARDO   No, no quiero comprar (2)_____ésta_____. Prefiero (3)_____ésa/aquélla_____ del escaparate (*display case*).

CLAUDIA   (4)_____Ésa_____ es bonita, pero no hace juego con tu chaqueta.

GERARDO   Mira (5)_____aquella/esa_____ chaqueta. Es muy elegante y está a buen precio. Sí, puedo usar (6)_____aquélla/ésa_____ y darle a mi hermano ésta.

CLAUDIA   ¿Y (7)_____este_____ cinturón?

GERARDO   (8)_____Éste_____ es muy elegante. ¿Es caro?

CLAUDIA   Es más barato que (9)_____esos/aquellos_____ tres del escaparate.

5   **Más compras** Pilar and Marta are at the mall trying to get a new outfit for a special occasion. Write the conversation in which they talk about different clothing. Use at least six expressions from the list. Answers will vary.

aquel vendedor	esa camisa	esos colores	esta falda
aquellas botas	ese precio	esos zapatos	este vestido

_____

_____

_____

_____

_____

_____

Lección 6

Síntesis

Imagine that you went with your brother to an open-air market last weekend. This weekend you take a friend there. Write a conversation between you and your friend, using as many different verbs as you can from those you have learned.

• Indicate to your friend the items you saw last weekend, what you liked and didn't like, the items that you bought, how much you paid for them, and for whom you bought the items.

• Suggest items that your friend might buy and for whom he or she might buy them. Answers will vary.

_____

_____

_____

_____

_____

_____

_____

_____

_____

_____

_____

_____

_____

_____

_____

_____

_____

_____

_____

_____

_____

_____

Lección 6

6.4 Demonstrative adjectives and pronouns

1 **En el mercado** A group of tourists is shopping at an open-air market. Listen to what they say, and mark an **X** in the column for the demonstrative adjective you hear.

modelo
You hear: Me gusta mucho esa bolsa.
You mark: an **X** under *that*.

	this	*that*	*these*	*those*
Modelo	_____	**X**	_____	_____
1.	X	_____	_____	_____
2.	_____	X	_____	_____
3.	_____	_____	X	_____
4.	_____	X	_____	_____

2 **Cambiar** Form a new sentence using the cue you hear. Repeat the correct answer after the speaker. (*6 items*)

modelo
Quiero este suéter. (chaqueta)
Quiero esta chaqueta.

3 **Transformar** Form a new sentence using the cue you hear. Repeat the correct answer after the speaker. (*6 items*)

modelo
Aquel abrigo es muy hermoso. (corbatas)
Aquellas corbatas son muy hermosas.

4 **Preguntas** Answer each question you hear in the negative using a form of the demonstrative pronoun **ése**. Repeat the correct response after the speaker. (*8 items*)

modelo
¿Quieres esta blusa?
No, no quiero ésa.

5 **De compras** Listen to this conversation. Then read the statements and decide whether they are **cierto** or **falso**.

	Cierto	Falso
1. Flor quiere ir al almacén Don Guapo.	○	⊘
2. Enrique trabaja en el almacén Don Guapo.	○	⊘
3. El centro comercial está lejos de los chicos.	⊘	○
4. Van al almacén que está al lado del Hotel Plaza.	⊘	○

vocabulario

You will now hear the vocabulary found in your textbook on the last page of this lesson. Listen and repeat each Spanish word or phrase after the speaker.

Leción 6

Audio Activities

estructura 6.4

Estudiante 1

6 **Diferencias** (student text p. 213) You and your partner each have a drawing of a store. They are almost identical, but not quite. Use demonstrative adjectives and pronouns to find seven differences.

> **modelo**
> **Estudiante 1:** Aquellas gafas de sol son feas, ¿verdad?
> **Estudiante 2:** No. Aquellas gafas de sol son hermosas.

Lección 6 Communication Activities   **51**

Communication Activities   Lección 6

estructura 6.4

Estudiante 2

6 **Diferencias** (student text p. 213) You and your partner each have a drawing of a store. They are almost identical, but not quite. Use demonstrative adjectives and pronouns to find seven differences.

> **modelo**
>
> **Estudiante 1:** Aquellas gafas de sol son feas, ¿verdad?
> **Estudiante 2:** No. Aquellas gafas de sol son hermosas.

escritura

Lección 6

Estrategia
How to report an interview

There are several ways to prepare a written report about an interview. For example, you can transcribe the interview verbatim, you can simply summarize it, or you can summarize it but quote the speakers occasionally. In any event, the report should begin with an interesting title and a brief introduction, which may include the English five Ws (*what, where, when, who, why*) and H (*how*) of the interview. The report should end with an interesting conclusion. Note that when you transcribe dialogue in Spanish, you should pay careful attention to format and punctuation.

Writing dialogue in Spanish

▶ If you need to transcribe an interview verbatim, you can use speakers' names to indicate a change of speaker.

LILIANA	Generalmente, ¿cuándo vas de compras?
LUIS	Bueno, normalmente voy los fines de semana. No tengo tiempo durante la semana.
LILIANA	¿Qué compraste el fin de semana pasado?
LUIS	Me compré un par de zapatos y unos regalos para mi abuelo.
LILIANA	¿Y gastaste mucho dinero?
LUIS	No, porque encontré unas gangas en el almacén. También compré unas cosas en el mercado al aire libre, donde es posible regatear un poco.

▶ You can also use a dash (*raya*) to mark the beginning of each speaker's words.

—¿Encontraste unas gangas?

—Sí... me compré un impermeable y unos pantalones.

—¿Dónde los compraste?

—Los compré en el almacén Ofertas, cerca del centro.

Tema
Escribe un informe

Antes de escribir

1. You are going to write a report for the school newspaper about a friend's shopping habits and clothing preferences. To begin, you will brainstorm a list of questions to use when you interview your friend. Look at the categories of question words in the chart and try to come up with at least two questions for each category. You should choose from these questions as well as create some of your own.

▶ ¿Cuándo vas de compras?

▶ ¿Con quién vas de compras?

▶ ¿Adónde vas de compras?

▶ ¿Qué tiendas, almacenes o centros comerciales prefieres?

▶ ¿Por qué prefieres comprar ropa barata/cara?

▶ ¿Te gusta buscar gangas?

▶ ¿Qué ropa llevas cuando vas a clase?

▶ ¿Qué ropa llevas cuando sales a bailar?

▶ ¿Qué ropa llevas cuando practicas un deporte?

▶ ¿Cuáles son tus colores favoritos? ¿Qué ropa compras de esos colores?

▶ ¿Le das ropa a tu familia? ¿Y a tus amigos/as? ¿A quién?

¿Cuándo?	1. 2.
¿Por qué?	1. 2.
¿Qué?	1. 2.
¿Con quién? / A quién?	1. 2.
¿Adónde?	1. 2.
¿Cuál(es)?	1. 2.
¿Te gusta(n)...?	1. 2.

Lección 6

Writing Activities

2. Once you have completed the chart, choose at least 12 questions you will use during your interview.

3. Once you have finalized your questions, take notes on the answers you receive. Then organize that information into categories such as clothing preferences, color preferences, people to shop with and for, places to shop, clothing prices, and shopping times.

Escribir

Write a report about your interview. Make sure you include all the information for each of the categories you created above. Summarize your findings, and quote the person you interviewed at least twice. Make sure you end your report with an interesting conclusion.

Modelo   Hablando de la ropa que lleva Shannon, le pregunté: —¿Qué tipo de ropa prefieres cuando sales a bailar?— Ella me contestó: —¡A mí me gusta la ropa elegante y cara!— Es obvio que ella no busca gangas cuando sale de compras.

Después de escribir

1. Exchange rough drafts with a partner. Comment on his or her work by answering these questions:

   ► Did your partner include information in a variety of categories?
   ► Did your partner include at least two direct quotes in his or her report?
   ► Did your partner use the correct style when writing the quotes?
   ► Did your partner use present tense verb forms correctly?
   ► Did your partner use preterite verb forms correctly?

2. Revise your description according to your partner's comments. After writing the final version, read it once more to eliminate these kinds of problems:

   ► spelling errors
   ► punctuation errors
   ► capitalization errors
   ► use of the wrong present tense verb form
   ► use of the wrong preterite verb form
   ► correct use of direct and indirect object pronouns
   ► adjectives that do not agree with the nouns they modify

Lección 6

Writing Activities

Comprar en los mercados   Lección 6

Antes de ver el video

1 **Más vocabulario** Look over these useful words before you watch the video.

Vocabulario útil		
las artesanías *handicrafts*	**la heladería** *ice-cream shop*	**la soda (C.R.)** *food stall*
el camarón *shrimp*	**el helado** *ice cream*	**la sopa de mondongo** *tripe soup*
la carne *meat*	**el pescado** *fish*	**suave** *soft*
la flor *flower*	**¡Pura vida!** *Cool!, Alright!*	**el/la tico/a** *person from Costa Rica*
la fruta *fruit*	**el regateo** *haggling, bargaining*	**vale** *it costs*

2 **¡En español!** Look at the video still. Imagine what Randy will say about markets in Costa Rica, and write a two- or three-sentence introduction to this episode. Answers will vary.

Randy Cruz, Costa Rica

¡Hola a todos! Hoy estamos en... _____

_____

_____

_____

_____

Mientras ves el video

3 **¿Qué compran?** Identify which item(s) these people buy at the market.

1. _____c_____   2. _____e_____   3. _____b_____

a. frutas   d. camarones y flores

b. artesanías   e. zapatos

c. carne y pescado

4 **Completar** Watch Randy bargain and complete this conversation.

RANDY ¿(1)_____Cuánto_____ vale?

VENDEDOR Trescientos (2)_____colones_____.

RANDY Trescientos colones el kilo. Me puede hacer un (3)_____descuento_____, ¿sí?

VENDEDOR Perfecto.

VENDEDOR OK... (4)_____Vale_____ cuatro ochenta... cuatro y medio.

RANDY Cuatrocientos.

VENDEDOR Cuatro (5)_____cuarenta_____.

RANDY Cuatrocientos cuarenta.

VENDEDOR Sí, señor.

Después de ver el video

5 **Ordenar** Put Randy's actions in the correct order.

__5__ a. Busca la heladería en el Mercado Central.

__2__ b. Regatea el precio de unas papayas.

__1__ c. Va al mercado al aire libre.

__3__ d. Entrevista a personas en el Mercado Central.

__4__ e. Toma sopa de mondongo, un plato (*dish*) típico de Costa Rica.

6 **¡Aquí no hay descuentos!** Imagine that Randy wants to buy an item of clothing that he really likes, but he doesn't have enough money to pay the full price. Write a conversation between Randy and a salesperson in which Randy negotiates the price. Be creative! Answers will vary.

_____

_____

_____

_____

_____

7 **Preguntas** Answer these questions. Answers will vary.

1. ¿En qué lugares o tipos de tiendas haces las compras generalmente? ¿Pequeñas tiendas, grandes almacenes o centros comerciales? _____

_____

2. ¿Con quién(es) sales generalmente a comprar ropa: solo/a (*alone*), con amigos o con alguien (*someone*) de tu familia? ¿Por qué? _____

_____

3. ¿Cómo prefieres pagar tus compras: en efectivo o con tarjeta de crédito? ¿Por qué? _____

_____

4. ¿Esperas las rebajas para comprar cosas que quieres o no te importa (*you don't mind*) pagar el precio normal? _____

Lección 6

Cuba

1 **Crucigrama (Crossword)** Complete this crossword puzzle with the correct terms.

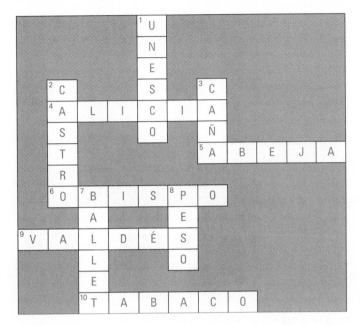

Horizontales
4. Nombre de la bailarina que fundó el Ballet Nacional de Cuba
5. Especie cubana de colibrí
6. Calle de la Habana Vieja frecuentada por Hemingway
9. Apellido de una escritora cubana célebre
10. Uno de los productos agrícolas más importantes en Cuba

Verticales
1. Esta organización declaró a la Habana Vieja Patrimonio Cultural de la Humanidad.
2. Apellido del ex líder del gobierno de Cuba
3. El azúcar se saca (*is extracted*) de esta planta.
7. Alicia Alonso practicaba (*practiced*) este baile.
8. Moneda cubana

2 **Preguntas sobre Cuba** Answer these questions about Cuba in complete sentences.

1. ¿De dónde son los antepasados de muchos cubanos de hoy en día?

   Los antepasados de los cubanos de hoy en día son africanos, europeos, chinos y antillanos, entre otros.

2. ¿De qué colores es la bandera cubana?

   La bandera cubana es roja, blanca y azul.

3. ¿Cuál es un medio de transporte muy popular en Cuba?

   Los coco taxis son un medio de transporte muy popular en Cuba.

4. ¿Qué es *Buena Vista Social Club*?

   Buena Vista Social Club es un grupo de importantes músicos de Cuba que interpretan canciones clásicas del son cubano.

3 **Datos de Cuba** Complete these sentences with information from **Panorama**.

1. El ___Palacio de Capitanes Generales___ en la Plaza de Armas de la Habana Vieja es ahora un museo.

2. En Cuba se encuentran la Cordillera de los ___Órganos___ y la Sierra ___Maestra___.

3. Una isla que forma parte de Cuba es la ___Isla de la Juventud___.

4. Alicia Alonso fundó el ___Ballet Nacional de Cuba___ en 1948.

5. La ___caña de azúcar___ es un producto de exportación muy importante para Cuba.

6. El tabaco se usa para fabricar los famosos ___puros cubanos___.

7. La inmigración fue muy importante en Cuba desde la ___colonia___ hasta mediados del siglo XX.

8. *Buena Vista Social Club* interpreta canciones clásicas del ___son cubano___.

4 **Cubanos célebres** Write the name of the famous Cuban who might have said each of these quotations.

1. "Nací en 1927 y mi música es famosa".

Ibrahim Ferrer

2. "Me convertí en una estrella internacional con el Ballet de Nueva York".

Alicia Alonso

3. "Soy el ex jefe de las fuerzas armadas de Cuba".

Fidel Castro

4. "Viví en el siglo (*century*) diecinueve y escribí poemas".

José Martí

5. "Tengo más de cincuenta años, soy cubana y escribo libros".

Zoé Valdés

6. "Curé a muchas personas enfermas y estudié ciencias".

Carlos Finlay

5 **Números cubanos** Write out the numbers in Spanish that complete these sentences about Cuba.

1. Hay ___once millones doscientos cuatro mil___ habitantes en la isla de Cuba.

2. Hay ___dos millones ciento cuarenta y un mil novecientos noventa y tres___ habitantes en la Habana.

3. En el año ___mil novecientos ochenta y dos___ la Habana Vieja fue declarada Patrimonio Cultural de la Humanidad.

4. El área de Cuba es de ___cuarenta y dos mil ochocientas tres___ millas cuadradas.

5. El colibrí abeja de Cuba es una de las más de ___trescientas veinte___ especies de colibrí del mundo.

6. En el año ___mil novecientos veintiséis___ nació Fidel Castro.

Panorama: Cuba

Antes de ver el video

1   **Más vocabulario**   Look over these useful words before you watch the video.

Vocabulario útil	
conversar *to talk*	relacionadas *related to*
imágenes *images (in this case, of a religious nature)*	relaciones *relationships*
miembro *member*	sacerdote *priest*

2   **Responder**   In this video you are going to see people visiting **santeros** to talk about their problems and their futures. In preparation for watching the video, answer the following questions about your behavior and beliefs.   Answers will vary.

1. ¿Hablas con alguien (*someone*) cuando tienes problemas? ¿Con quién?

_____

_____

2. En tu opinión, ¿algunas personas pueden "ver" el futuro?

_____

_____

_____

Mientras ves el video

3   **Marcar**   Check off the activities you see while watching the video.

  ✔   1. hombre escribiendo

_____ 2. hombre leyendo

_____ 3. mujer corriendo

_____ 4. mujer llorando (*crying*)

_____ 5. niño jugando

  ✔   6. personas bailando

  ✔   7. personas caminando

  ✔   8. personas cantando

  ✔   9. personas conversando

Después de ver el video

4   **Responder** Answer the questions in Spanish using complete sentences.

1. ¿Qué es la santería?

   La santería es una práctica religiosa animista./Es una de las tradiciones cubanas más antiguas.

2. ¿Quiénes son los santeros?

   Los santeros son las personas que practican la santería.

3. ¿Qué venden en las tiendas de santería?

   En las tiendas de santería venden instrumentos de música, imágenes y muchas otras cosas
   relacionadas con esta práctica.

4. ¿Para qué visitan las personas a los santeros?

   Las personas visitan a los santeros para conversar con ellos / para preguntarles por el futuro
   y por las relaciones sentimentales / para buscar soluciones a sus problemas.

5. ¿Quiénes son los sacerdotes?

   Los sacerdotes son figuras importantes en la santería.

6. ¿Qué hacen los sacerdotes cuando van a las casas de las personas?

   Cuando van a las casas de las personas, los santeros, las familias y sus amigos bailan música tradicional.

5   **¿Cierto o falso?** Indicate whether each statement is **cierto** or **falso**. Correct the false statements.

1. Cada tres horas sale un barco de La Habana con destino a Regla.

   Falso. Cada diez minutos sale un barco de La Habana con destino a Regla.

2. Regla es una ciudad donde se practica la santería.

   Cierto.

3. La santería es una práctica religiosa muy común en algunos países latinoamericanos.

   Cierto.

4. Los santeros no son personas importantes en su comunidad.

   Falso. Los santeros son personas importantes en su comunidad.

5. La santería es una de las tradiciones cubanas más antiguas.

   Cierto.

6   **Conversación** In this video, you see a **santero** talking with a woman. In Spanish, write a short
conversation. Include what the woman would ask the **santero** and how he would respond
to her problems. Answers will vary.

_____

_____

_____

_____

_____

repaso

Lecciones 5–6

---

1 No lo hago Answer these questions affirmatively or negatively as indicated, replacing the direct object with a direct object pronoun.

> **modelo**
> ¿Traes la computadora a clase? (no)
> **No, no la traigo.**

1. ¿Haces la tarea de historia en tu habitación? (sí) _Sí, la hago._

2. ¿Pones esos libros sobre el escritorio? (no) _No, no los pongo._

3. ¿Traes los pasajes y el pasaporte al aeropuerto? (sí) _Sí, los traigo._

4. ¿Oyes ese programa de radio a veces (*sometimes*)? (no) _No, no lo oigo._

5. ¿Conoces a aquellas chicas que están tomando el sol? (sí) _Sí, las conozco._

6. ¿Pones la televisión mientras (*while*) estudias? (no) _No, no la pongo._

---

2 El tiempo Complete these sentences with the most logical verbs from the list. Use each verb once.

cerrar	pedir	poder	querer
comenzar	pensar	preferir	volver

1. Está empezando a hacer frío. Mi mamá ____quiere/piensa____ comprar un abrigo.

2. Hace mucho sol. (Tú) ____Comienzas____ a buscar tus gafas de sol.

3. Hace fresco. Melissa ____puede/quiere/piensa____ salir a pasear en bicicleta.

4. Está nevando. (Yo) ____Prefiero/Quiero/Pienso____ estar en casa hoy.

5. Está lloviendo. Luis y Pilar ____cierran____ las ventanas del auto.

6. Hace mucho calor. Ustedes ____quieren/piensan____ ir a nadar en la piscina.

7. Está nublado. Los chicos ____vuelven____ temprano de la playa.

8. Llueve. Los turistas ____piden____ un impermeable en el hotel.

---

3 No son éstos Answer these questions negatively using demonstrative pronouns.

> **modelo**
> ¿Les vas a prestar esos programas a ellos? (*those over there*)
> **No, les voy a prestar aquéllos./No, voy a prestarles aquéllos.**

1. ¿Me vas a vender esa calculadora? (*this one*)

   No, te voy a vender ésta./No, voy a venderte ésta.

2. ¿Van ustedes a abrirle ese auto al cliente? (*that one over there*)

   No, vamos a abrirle aquél./No, le vamos a abrir aquél.

3. ¿Va a llevarles estas maletas Marisol? (*those ones*)

   No, va a llevarles ésas./No, les va a llevar ésas./No, va a llevarnos ésas./No, nos va a llevar ésas.

4. ¿Les van a enseñar esos verbos a los estudiantes? (*these ones*)

   No, les van a enseñar éstos./No, van a enseñarles éstos.

Lecciones 5-6

4 **¿Son o están?** Form complete sentences using the words provided and **ser** or **estar**.

1. Paloma y Carlos / inteligentes y trabajadores

   Paloma y Carlos son inteligentes y trabajadores.

2. Mariela / cantando una canción bonita

   Mariela está cantando una canción bonita.

3. (tú) / conductor de taxi en la ciudad

   Eres conductor de taxi en la ciudad.

4. (nosotros) / en un hotel en la playa

   Estamos en un hotel en la playa.

5. Gilberto / preocupado porque tiene mucho trabajo

   Gilberto está preocupado porque tiene mucho trabajo.

6. Roberto y yo / puertorriqueños, de San Juan

   Roberto y yo somos puertorriqueños, de San Juan.

5 **La compra** Look at the photo and imagine everything that led up to the woman's purchase. What did she need? Why did she need it? What kind of weather is it for? Where did she decide to go to buy it? Where did she go looking for it? Who helped her, and what did she ask them? Did she bargain with anyone? Was she undecided about anything? How did she pay for the purchase? Who did she pay? Answer these questions in a paragraph, using the preterite of the verbs that you know. Answers will vary.

_____

_____

_____

_____

_____

_____

_____

_____

_____

_____

_____

_____

_____

contextos

1 **Las rutinas** Complete each sentence with a word from **Contextos**.

1. Susana se lava el pelo con _____ champú _____.

2. La ducha y el lavabo están en el _____ baño/cuarto de baño _____.

3. Manuel se lava las manos con _____ jabón _____.

4. Después de lavarse las manos, usa la _____ toalla _____.

5. Luis tiene un _____ despertador _____ para levantarse temprano.

6. Elena usa el _____ espejo/maquillaje _____ para maquillarse.

2 **¿En el baño o en la habitación?** Write **en el baño** or **en la habitación** to indicate where each activity takes place.

1. bañarse _____ en el baño _____

2. levantarse _____ en la habitación _____

3. ducharse _____ en el baño _____

4. lavarse la cara _____ en el baño _____

5. acostarse _____ en la habitación _____

6. afeitarse _____ en el baño _____

7. cepillarse los dientes _____ en el baño _____

8. dormirse _____ en la habitación _____

3 **Ángel y Lupe** Look at the drawings, and choose the appropriate phrase to describe what Ángel and Lupe are doing. Use complete sentences.

| afeitarse por la mañana | cepillarse los dientes después de comer |
| bañarse por la tarde | ducharse antes de salir |

1. _____ Lupe se cepilla los dientes después de comer. _____

2. _____ Ángel se afeita por la mañana. _____

3. _____ Lupe se baña por la tarde. _____

4. _____ Ángel se ducha antes de salir. _____

_____

_____

4 **La palabra diferente** Fill in each blank with the word that doesn't belong in each group.

1. luego, después, más tarde, entonces, antes _____ antes _____

2. maquillarse, cepillarse el pelo, despertarse, peinarse, afeitarse _____ despertarse _____

3. bailar, despertarse, acostarse, levantarse, dormirse _____ bailar _____

4. champú, despertador, jabón, maquillaje, crema de afeitar _____ despertador _____

5. entonces, bañarse, lavarse las manos, cepillarse los dientes, ducharse _____ entonces _____

6. pelo, vestirse, dientes, manos, cara _____ vestirse _____

5 **La rutina de Silvia** Rewrite this paragraph, selecting the correct sequencing words from the parentheses.

(Por la mañana, Durante el día) Silvia se prepara para salir. (Primero, Antes de), se levanta y se ducha. (Después, Antes) de ducharse, se viste. (Entonces, Durante) se maquilla. (Primero, Antes) de salir, come algo y bebe un café. (Durante, Por último), se peina y se pone una chaqueta. (Durante el día, Antes de) Silvia no tiene tiempo de volver a su casa. (Más tarde, Antes de), come algo en la cafetería de la escuela y estudia en la biblioteca. (Por la tarde, Por último), Silvia trabaja en el centro comercial. (Por la noche, Primero) llega a su casa y está cansada. (Más tarde, Después), su madre le prepara algo de comer y Silvia mira la televisión un rato. (Antes de, Después de) acostarse a dormir, siempre estudia un rato.

Por la mañana Silvia se prepara para salir. Primero, se levanta y se ducha. Después de ducharse, se viste. Entonces se maquilla. Antes de salir, come algo y bebe un café. Por último, se peina y se pone una chaqueta. Durante el día, Silvia no tiene tiempo de volver a su casa. Más tarde, come algo en la cafetería de la escuela y estudia en la biblioteca. Por la tarde, Silvia trabaja en el centro comercial. Por la noche llega a su casa y está cansada. Más tarde, su madre le prepara algo de comer y Silvia mira la televisión un rato. Antes de acostarse a dormir, siempre estudia un rato.

_____

_____

_____

_____

_____

_____

contextos

1 **Describir** For each drawing, you will hear two statements. Choose the one that corresponds to the drawing.

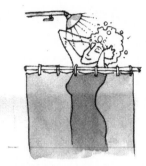

1. a.   b.

2. a.   b.

3. (a.)   b.

11:05 p.m.

4. (a.)   b.

2 **Preguntas** Clara is going to baby-sit your nephew. Answer her questions about your nephew's daily routine using the cues. Repeat the correct response after the speaker.

modelo

You hear: ¿A qué hora va a la escuela?
You see: 8:30 a.m.
You say: Va a la escuela a las ocho y media de la mañana.

1. 7:00 a.m.   4. champú para niños
2. se lava la cara   5. 9:00 p.m.
3. por la noche   6. después de comer

3 **Entrevista** Listen to this interview. Then read the statements and decide whether they are **cierto** or **falso**.

	Cierto	Falso
1. Sergio Santos es jugador de fútbol.	○	⊘
2. Sergio se levanta a las 5:00 a.m.	○	⊘
3. Sergio se ducha por la mañana y por la noche.	⊘	○
4. Sergio se acuesta a las 11:00 p.m.	⊘	○

Lección 7 Audio Activities   **65**

¡Necesito arreglarme!

Lección 7

Antes de ver el video

1 **En el baño** In this episode, Marissa, Felipe, and Jimena want to get ready at the same time. What do you think they might say? Answers will vary.

_____

_____

_____

_____

_____

_____

_____

Mientras ves el video

2 **¿Marissa o Felipe?** Watch **¡Necesito arreglarme!** and put a check mark in a column to show whether the plans are Marissa's or Felipe's.

Actividad	Marissa	Felipe
1. ir al cine	✔	
2. afeitarse		✔
3. ir al café a molestar a su amigo	✔	
4. arreglarse el pelo	✔	
5. ir al café con Juan Carlos		✔

3 **Ordenar** Number the following events from one to six, in the order they occurred.

_6_ a. Jimena termina de maquillarse.

_3_ b. Todos quieren usar el espejo al mismo tiempo.

_1_ c. Marissa quiere entrar al baño y la puerta está cerrada.

_5_ d. Las chicas comparten el espejo.

_4_ e. Marissa busca una toalla.

_2_ f. Felipe entra al baño.

4 **Completar** Fill in the blanks.

1. **FELIPE** Cada vez que quiero usar el _____baño_____, una de ustedes está aquí.

2. **JIMENA** Me estoy _____lavando_____ la cara.

3. **MARISSA** ¡_____Nadie_____ debe estudiar los viernes!

4. **JIMENA** ¿Por qué no te _____afeitaste_____ por la mañana?

5. **FELIPE** Siempre hay _____música_____ en vivo.

Después de ver el video

5   **Preguntas** Answer these questions in Spanish.

1. ¿Qué está haciendo Jimena cuando Marissa quiere entrar al baño?
   Jimena se está lavando la cara.

2. ¿Por qué Jimena quiere maquillarse primero?
   Jimena quiere maquillarse primero porque va a encontrarse con su amiga Elena en una hora.

3. ¿Por qué se quiere afeitar Felipe?
   Felipe se quiere afeitar porque va a ir con Juan Carlos a un café.

4. ¿Cómo es el café adonde van a ir Felipe y Juan Carlos?
   Es muy divertido. Siempre hay música en vivo y muchas chicas.

5. ¿Por qué Marissa quiere arreglarse?
   Marissa quiere arreglarse porque va a ir al cine con unas amigas.

6. ¿Cuándo fue la última vez que Jimena vio a Juan Carlos?
   Cuando fueron a Mérida.

6   **Preguntas personales** Answer these questions in Spanish. Answers will vary.

1. ¿A qué hora te levantas durante la semana? ¿Y los fines de semana?

2. ¿Te gusta más bañarte o ducharte? ¿Por qué?

3. ¿Cuántas veces por día (*How many times a day*) te cepillas los dientes?

4. ¿Te lavas el pelo todos los días (*every day*)? ¿Por qué?

5. ¿Cómo cambia tu rutina los días que vas a la escuela y los fines de semana?

7   **Escribir** Describe in Spanish what happened, from the point of view of Jimena, Marissa, or Felipe.
Answers will vary.

pronunciación

Lección 7

The consonant r

In Spanish, **r** has a strong trilled sound at the beginning of a word. No English words have a trill, but English speakers often produce a trill when they imitate the sound of a motor.

ropa   rutina   rico   **R**amón

In any other position, **r** has a weak sound similar to the English *tt* in *better* or the English *dd* in *ladder*. In contrast to English, the tongue touches the roof of the mouth behind the teeth.

gustar   durante   primero   crema

The letter combination **rr**, which only appears between vowels, always has a strong trilled sound.

pizarra   corro   marrón   aburrido

Between vowels, the difference between the strong trilled **rr** and the weak **r** is very important, as a mispronunciation could lead to confusion between two different words.

caro   carro   pero   perro

---

1   **Práctica**   Repeat each word after the speaker to practice the **r** and the **rr**.

1. Perú	5. comprar	9. Arequipa
2. Rosa	6. favor	10. tarde
3. borrador	7. rubio	11. cerrar
4. madre	8. reloj	12. despertador

---

2   **Oraciones**   When you hear the number, read the corresponding sentence aloud, focusing on the **r** and **rr** sounds. Then listen to the speaker and repeat the sentence.

1. Ramón Robles Ruiz es programador. Su esposa Rosaura es artista.

2. A Rosaura Robles le encanta regatear en el mercado.

3. Ramón nunca regatea… le aburre regatear.

4. Rosaura siempre compra cosas baratas.

5. Ramón no es rico, pero prefiere comprar cosas muy caras.

6. ¡El martes Ramón compró un carro nuevo!

---

3   **Refranes**   Repeat each saying after the speaker to practice the **r** and the **rr**.

1. Perro que ladra no muerde.

2. No se ganó Zamora en una hora.

---

4   **Dictado**   You will hear seven sentences. Each will be said twice. Listen carefully and write what you hear.

1. Ramiro y Roberta Torres son peruanos.

2. Ramiro es pelirrojo, gordo y muy trabajador.

3. Hoy él quiere jugar al golf y descansar, pero Roberta prefiere ir de compras.

4. Hay grandes rebajas y ella necesita un regalo para Ramiro.

5. ¿Debe comprarle una cartera marrón o un suéter rojo?

6. Por la tarde, Ramiro abre su regalo.

7. Es ropa interior.

---

estructura

7.1 Reflexive verbs

1 Completar Complete each sentence with the correct present tense forms of the verb in parentheses.

1. Marcos y Gustavo ____se enojan____ (enojarse) con Javier.

2. Mariela ____se siente____ (sentirse) feliz.

3. (yo) ____Me acuesto____ (acostarse) temprano porque tengo clase por la mañana.

4. Los jugadores ____se secan____ (secarse) con toallas nuevas.

5. (tú) ____Te preocupas____ (preocuparse) por tu novio porque siempre pierde las cosas.

6. Usted ____se lava____ (lavarse) la cara con un jabón especial.

7. Mi mamá ____se pone____ (ponerse) muy contenta cuando llego temprano a casa.

2 Lo hiciste Answer the questions affirmatively, using complete sentences.

1. ¿Te cepillaste los dientes después de comer?

   Sí, me cepillé los dientes después de comer.

2. ¿Se maquilla Julia antes de salir a bailar?

   Sí, Julia se maquilla antes de salir a bailar.

3. ¿Se duchan ustedes antes de nadar en la piscina?

   Sí, nos duchamos antes de nadar en la piscina.

4. ¿Se ponen sombreros los turistas cuando van a la playa?

   Sí, los turistas se ponen sombreros cuando van a la playa.

5. ¿Nos ponemos las pantuflas cuando llegamos a casa?

   Sí, se ponen/nos ponemos las pantuflas cuando llegan/llegamos a casa.

3 Terminar Complete each sentence with the correct reflexive verbs. You will use some verbs more than once.

| acordarse | cepillarse | enojarse | maquillarse |
| acostarse | dormirse | levantarse | quedarse |

1. Mi mamá ____se enoja____ porque no queremos ____levantarnos/ acostarnos/dormirnos____ temprano.

2. La profesora ____se enoja____ con nosotros cuando no ____nos acordamos____ de los verbos.

3. Mi hermano ____se cepilla____ los dientes cuando ____se levanta/se acuerda____.

4. Mis amigas y yo ____nos quedamos____ estudiando en la biblioteca por la noche y por la mañana yo ____me levanto____ muy cansada.

5. Muchas noches ____me duermo/me quedo____ delante del televisor, porque no quiero ____acostarme/levantarme____.

4 **Escoger** Choose the correct verb from the parentheses, then fill in the blank with its correct form.

1. (lavar/lavarse)

Josefina _____se lava_____ las manos en el lavabo.

Josefina _____lava_____ la ropa de su amiga.

2. (peinar/peinarse)

(yo) _____Peino_____ a mi hermana todas las mañanas.

(yo) _____Me peino_____ en el baño, delante del espejo.

3. (poner/ponerse)

(nosotros) _____Nos ponemos_____ nerviosos antes de un examen.

(nosotros) _____Ponemos_____ la toalla al lado de la ducha.

4. (levantar/levantarse)

Los estudiantes _____se levantan_____ muy temprano.

Los estudiantes _____levantan_____ la mano y hacen preguntas.

5 **El incidente** Complete the paragraph with reflexive verbs from the word bank. Use each verb only once.

acordarse	enojarse	levantarse	preocuparse
afeitarse	irse	maquillarse	quedarse
despertarse	lavarse	ponerse	vestirse

Luis (1) _____se levanta/se despierta_____ todos los días a las seis de la mañana. Luego entra en la

ducha y (2) _____se lava_____ el pelo con champú. Cuando sale de la ducha, usa la crema de

afeitar para (3) _____afeitarse_____ delante del espejo. Come algo con su familia y él y sus

hermanos (4) _____se quedan_____ hablando un rato.

Cuando sale tarde, Luis (5) _____se preocupa_____ porque no quiere llegar tarde a la clase de

español. Los estudiantes (6) _____se ponen_____ nerviosos porque a veces (*sometimes*) tienen

pruebas sorpresa en la clase.

Ayer por la mañana, Luis (7) _____se enojó_____ con su hermana Marina porque ella

(8) _____se levantó/se despertó_____ tarde y pasó mucho tiempo en el cuarto de baño con la puerta cerrada.

—¿Cuándo sales, Marina? —le preguntó Luis.

—¡Tengo que (9) _____maquillarme_____ porque voy a salir con mi novio y quiero estar bonita!

—dijo Marina.

—¡Tengo que (10) _____irme_____ ya, Marina! ¿Cuándo terminas?

—Ahora salgo, Luis. Tengo que (11) _____vestirme_____. Me voy a poner mi vestido favorito.

—Tienes que (12) _____acordarte_____ de que viven muchas personas en esta casa, Marina.

estructura

7.1 Reflexive verbs

1 **Describir** For each drawing, you will hear two statements. Choose the one that corresponds to the drawing.

1. (a.)   b.   2. a.   (b.)

3. (a.)   b.   4. a.   (b.)

2 **Preguntas** Answer each question you hear in the affirmative. Repeat the correct response after the speaker. (*7 items*)

> *modelo*
> ¿Se levantó temprano Rosa?
> *Sí, Rosa se levantó temprano.*

3 **¡Esto fue el colmo! (*The last straw!*)** Listen as Julia describes what happened in her dorm yesterday. Then choose the correct ending for each statement.

1. Julia se ducha en cinco minutos porque...
   a. siempre se levanta tarde.   (b.)las chicas de su piso comparten un cuarto de baño.

2. Ayer la chica nueva...
   (a.)se quedó dos horas en el baño.   b. se preocupó por Julia.

3. Cuando salió, la chica nueva...
   a. se enojó mucho.   (b.)se sintió (*felt*) avergonzada.

Lección 7 Audio Activities   **71**

estructura 7.1

Estudiante 1

8

La familia ocupada (student text p. 239) Tú y tu compañero/a asisten a un programa de verano en Lima, Perú. Viven con la familia Ramos. Tienes la rutina incompleta que la familia sigue en las mañanas. Trabaja con tu compañero/a para completarla.

> **modelo**
>
> **Estudiante 1:** ¿Qué hace el señor Ramos a las seis y cuarto?
> **Estudiante 2:** El señor Ramos se levanta.

	El Sr. Ramos	La Sra. Ramos	Pepito y Pablo	Sara y nosotros/as
6:15		levantarse	dormir	
6:30	ducharse	peinarse		dormir
6:45			dormir	
7:00	despertar a Sara	maquillarse		
7:15			levantarse	peinarse
7:30	desayunar		bañarse	
7:45	lavar los platos			desayunar
8:00		irse con Pepito y Pablo		ir al campamento de verano (summer camp)
8:15	ir al trabajo		jugar con su primo	

estructura 7.1

Estudiante 2

8 **La familia ocupada** (student text p. 239) Tú y tu compañero/a asisten a un programa de verano en Lima, Perú. Viven con la familia Ramos. Tienes la rutina incompleta que la familia sigue en las mañanas. Trabaja con tu compañero/a para completarla.

modelo

Estudiante 1: ¿Qué hace el señor Ramos a las seis y cuarto?
Estudiante 2: El señor Ramos se levanta.

	El Sr. Ramos	La Sra. Ramos	Pepito y Pablo	Sara y nosotros/as
6:15	levantarse			dormir
6:30			dormir	
6:45	afeitarse	ducharse		dormir
7:00			dormir	levantarse
7:15	preparar el café	despertar a Pepito y a Pablo		
7:30		bañar a Pepito y a Pablo		ducharse
7:45		desayunar	desayunar	
8:00	llevar a Sara y a nosotros/as al campamento de verano (summer camp)		irse con su mamá	
8:15		visitar a su hermana		nadar

7.2 Indefinite and negative words

1   **Alguno o ninguno** Complete the sentences with indefinite and negative words from the word bank.

alguien	algunas	ninguna
alguna	ningún	tampoco

1. No tengo ganas de ir a _____ningún_____ lugar hoy.

2. ¿Tienes _____algunas_____ ideas para mejorar (*to improve*) la economía?

3. ¿Viene _____alguien_____ a la fiesta de mañana?

4. No voy a _____ningún_____ estadio nunca.

5. ¿Te gusta _____alguna_____ de estas corbatas?

6. Jorge, tú no eres el único. Yo _____tampoco_____ puedo ir de vacaciones.

2   **Estoy de mal humor** Your classmate Jaime is in a terrible mood. Complete his complaints with negative words.

1. No me gustan estas gafas. _____No_____ quiero comprar _____ninguna_____ de ellas.

2. Estoy muy cansado. _____No_____ quiero ir a _____ningún_____ restaurante.

3. No tengo hambre. _____No_____ quiero comer _____nada_____.

4. A mí no me gusta la playa. _____No_____ quiero ir a la playa _____nunca_____.

5. Soy muy tímido. _____No_____ hablo con _____nadie_____ _____nunca_____.

6. No me gusta el color rojo, _____ni_____ el color rosado _____tampoco_____.

3   **¡Amalia!** Your friend Amalia is chronically mistaken. Change her statements as necessary to correct her; each statement should be negative.

> **modelo**
> Buscaste algunos vestidos en la tienda.
> *No busqué ningún vestido en la tienda.*

1. Las dependientas venden algunas blusas.
   Las dependientas no venden ninguna blusa/ninguna.

2. Alguien va de compras al centro comercial.
   Nadie va de compras al centro comercial.

3. Siempre me cepillo los dientes antes de salir.
   Nunca te cepillas los dientes antes de salir.

4. Te voy a traer algún programa de computadora.
   No me vas a traer ningún programa de computadora/ninguno.

5. Mi hermano prepara algo de comer.
   Tu hermano no prepara nada de comer.

6. Quiero tomar algo en el café de la librería.
   No quieres tomar nada en el café de la librería.

4 **No, no es cierto** Now your friend Amalia realizes that she's usually wrong and is asking you for the correct information. Answer her questions negatively.

> **modelo**
> ¿Comes siempre en casa?
> **No, nunca como en casa./No, no como en casa nunca.**

1. ¿Tienes alguna falda?

   No, no tengo ninguna falda/no tengo ninguna.

2. ¿Sales siempre los fines de semana?

   No, nunca salgo los fines de semana/no salgo nunca los fines de semana.

3. ¿Quieres comer algo ahora?

   No, no quiero comer nada (ahora).

4. ¿Le prestaste algunos discos de jazz a César?

   No, no le presté ningún disco de jazz (a César)/no le presté ninguno (a César).

5. ¿Podemos ir a la playa o nadar en la piscina?

   No, no podemos ni ir a la playa ni nadar en la piscina.

6. ¿Encontraste algún cinturón barato en la tienda?

   No, no encontré ningún cinturón barato en la tienda/no encontré ninguno.

7. ¿Buscaron ustedes a alguien en la playa?

   No, no buscamos a nadie (en la playa).

8. ¿Te gusta alguno de estos trajes?

   No, no me gusta ninguno de estos trajes/no me gusta ninguno.

5 **Lo opuesto** Rodrigo's good reading habits have changed since this description was written. Rewrite the paragraph, changing the affirmative words to negative ones.

Rodrigo siempre está leyendo algún libro. También lee el periódico. Siempre lee algo. Alguien le pregunta si leyó una novela de Mario Vargas Llosa. Leyó algunos libros de Vargas Llosa el año pasado. También leyó algunas novelas de Gabriel García Márquez. Siempre quiere leer o libros de misterio o novelas fantásticas.

Rodrigo nunca está leyendo ningún libro. Tampoco lee el periódico. Nunca lee nada. Nadie le pregunta si leyó una novela

de Mario Vargas Llosa. No leyó ningún libro de Vargas Llosa el año pasado. Tampoco leyó ninguna novela de Gabriel

García Márquez. Nunca quiere leer ni libros de misterio ni novelas fantásticas.

_____

_____

_____

_____

_____

7.2 Indefinite and negative words

1 **¿Lógico o ilógico?** You will hear some questions and the responses. Decide if they are **lógico** or **ilógico**.

	Lógico	Ilógico			Lógico	Ilógico
1.	○	⊘		5.	⊘	○
2.	⊘	○		6.	○	⊘
3.	⊘	○		7.	⊘	○
4.	○	⊘		8.	⊘	○

2 **¿Pero o sino?** You will hear some sentences with a beep in place of a word. Decide if **pero** or **sino** should complete each sentence and circle it.

> **modelo**
> You hear: Ellos no viven en Lima, (beep) en Arequipa.
> You circle: **sino** because the sentence is **Ellos no viven en Lima, sino en Arequipa.**

1.	pero	(sino)		5.	(pero)	sino
2.	(pero)	sino		6.	pero	(sino)
3.	pero	(sino)		7.	(pero)	sino
4.	pero	(sino)		8.	(pero)	sino

3 **Transformar** Change each sentence you hear to say the opposite is true. Repeat the correct answer after the speaker. (5 items)

> **modelo**
> Nadie se ducha ahora.
> Alguien se ducha ahora.

4 **Preguntas** Answer each question you hear in the negative. Repeat the correct response after the speaker. (6 items)

> **modelo**
> ¿Qué estás haciendo?
> No estoy haciendo nada.

5 **Entre amigos** Listen to this conversation between Felipe and Mercedes. Then decide whether the statements are **cierto** or **falso**.

		Cierto	Falso
1.	No hay nadie en la residencia.	⊘	○
2.	Mercedes quiere ir al Centro Estudiantil.	⊘	○
3.	Felipe tiene un amigo peruano.	○	⊘
4.	Mercedes no visitó ni Machu Picchu ni Cuzco.	⊘	○
5.	Felipe nunca visitó Perú.	⊘	○

estructura 7.2

Síntesis

7 **Encuesta** (student text p. 243) Circula por la clase y pídeles a tus compañeros/as que comparen las actividades que hacen durante la semana con las que hacen durante los fines de semana. Escribe las respuestas.

modelo

Tú: ¿Te acuestas tarde los fines de semana?

Susana: Me acuesto tarde algunas veces los fines de semana, pero nunca durante la semana.

Actividades	Nombres de tus compañeros/as	Siempre	Nunca	Algunas veces
1. acostarse tarde				
2. comer en un restaurante				
3. irse a casa				
4. ir al mercado o al centro comercial				
5. ir de compras con algunos amigos				
6. levantarse temprano				
7. limpiar (*to clean*) su cuarto				
8. mirar la televisión				
9. pasear en bicicleta				
10. quedarse en su cuarto por la noche				
11. salir con alguien				
12. sentarse a leer periódicos o revistas				

7.3 Preterite of **ser** and **ir**

1 **¿Ser o ir?** Complete the sentences with the preterite of **ser** or **ir**. Then write the infinitive form of the verb you used.

1. Ayer María y Javier _____ fueron _____ a la playa con sus amigos. _____ ir _____

2. La película del sábado por la tarde _____ fue _____ muy bonita. _____ ser _____

3. El fin de semana pasado (nosotros) _____ fuimos _____ al centro comercial. _____ ir _____

4. La abuela y la tía _____ fueron _____ muy buenas doctoras. _____ ser _____

5. (nosotros) _____ Fuimos _____ muy simpáticos con la familia de Claribel. _____ ser _____

6. Manuel _____ fue _____ a la nueva escuela en septiembre. _____ ir _____

7. Los vendedores _____ fueron _____ al almacén muy temprano. _____ ir _____

8. Lima _____ fue _____ la primera parada (*stop*) de nuestro viaje. _____ ser _____

9. (yo) _____ Fui _____ a buscarte a la cafetería, pero no te encontré. _____ ir _____

10. Mi compañera de clase _____ fue _____ a la tienda a comprar champú. _____ ir _____

2 **Viaje a Perú** Complete the paragraph with the preterite of **ser** and **ir**. Then fill in the chart with the infinitive form of the verbs you used.

El mes pasado mi madre y yo (1) _____ fuimos _____ de vacaciones a Perú. El vuelo

(*flight*) (2) _____ fue _____ un miércoles por la mañana y (3) _____ fue _____

cómodo. Primero, mi madre y yo (4) _____ fuimos _____ a Lima y (5) _____ fuimos _____

a comer a un restaurante de comida peruana. La comida (6) _____ fue _____ muy buena.

Luego (7) _____ fuimos _____ al hotel y nos (8) _____ fuimos _____ a dormir. El

jueves (9) _____ fue _____ un día nublado. Nos (10) _____ fuimos _____ a Cuzco,

y el viaje en autobús (11) _____ fue _____ largo. Yo (12) _____ fui _____

la primera en despertarse y ver la ciudad de Cuzco. Aquella mañana, el paisaje

(13) _____ fue _____ impresionante. Luego mi madre y yo (14) _____ fuimos _____

de excursión a Machu Picchu. El cuarto día nos levantamos muy temprano y

(15) _____ fuimos _____ a la ciudad inca. El amanecer sobre Machu Picchu

(16) _____ fue _____ hermoso. La excursión (17) _____ fue _____ una

experiencia inolvidable (*unforgettable*). ¿(18) _____ Fuiste _____ tú a Perú en el pasado?

1. ir	7. ir	13. ser
2. ser	8. ir	14. ir
3. ser	9. ser	15. ir
4. ir	10. ir	16. ser
5. ir	11. ser	17. ser
6. ser	12. ser	18. ir

7.3 Preterite of **ser** and **ir**

1 **Escoger** Listen to each sentence and indicate whether the verb is a form of **ser** or **ir**.

1. ser (ir)
2. (ser) ir
3. ser (ir)
4. ser (ir)

5. ser (ir)
6. (ser) ir
7. (ser) ir
8. ser (ir)

2 **Cambiar** Change each sentence from the present to the preterite. Repeat the correct answer after the speaker. (*8 items*)

> Ustedes van en avión.
> Ustedes fueron en avión.

3 **Preguntas** Answer each question you hear using the cue. Repeat the correct response after the speaker.

> *You hear:* ¿Quién fue tu profesor de química?
> *You see:* el señor Ortega
> *You say:* El señor Ortega fue mi profesor de química.

1. al mercado al aire libre
2. muy buenas
3. no

4. fabulosa
5. al parque
6. difícil

4 **¿Qué hicieron (*did they do*) anoche?** Listen to this telephone conversation and answer the questions.

1. ¿Adónde fue Carlos anoche?

   Carlos fue al estadio.

2. ¿Cómo fue el partido? ¿Por qué?

   El partido fue estupendo porque su equipo favorito ganó.

3. ¿Adónde fueron Katarina y Esteban anoche?

   Katarina y Esteban fueron al cine.

4. Y Esteban, ¿qué hizo (*did he do*) allí?

   Esteban se durmió durante la película.

7.4 Verbs like **gustar**

1 **La fotonovela** Rewrite each sentence, choosing the correct form of the verb in parentheses.

1. Maru, te (quedan, queda) bien las faldas y los vestidos.

   Maru, te quedan bien las faldas y los vestidos.

2. A Jimena y a Juan Carlos no les (molesta, molestan) la lluvia.

   A Jimena y a Juan Carlos no les molesta la lluvia.

3. A los chicos no les (importa, importan) ir de compras.

   A los chicos no les importa ir de compras.

4. A don Diego y a Felipe les (aburre, aburren) probarse ropa en las tiendas.

   A don Diego y a Felipe les aburre probarse ropa en las tiendas.

5. A Jimena le (fascina, fascinan) las tiendas y los almacenes.

   A Jimena le fascinan las tiendas y los almacenes.

6. A Felipe le (falta, faltan) dos años para terminar la carrera (*degree*).

   A Felipe le faltan dos años para terminar la carrera.

7. A los chicos les (encanta, encantan) pescar y nadar en el mar.

   A los chicos les encanta pescar y nadar en el mar.

8. A Miguel le (interesan, interesa) el arte.

   A Miguel le interesa el arte.

2 **Nos gusta el fútbol** Complete the paragraph with the correct present tense forms of the verbs in parentheses.

A mi familia le (1) _____fascina_____ (fascinar) el fútbol. A mis hermanas les

(2) _____encantan_____ (encantar) los jugadores porque son muy guapos. También les

(3) _____gusta_____ (gustar) la emoción (*excitement*) de los partidos. A mi papá le

(4) _____interesan_____ (interesar) mucho los partidos y, cuando puede, los ve por

Internet. A mi mamá le (5) _____molesta_____ (molestar) nuestra afición porque no hacemos

las tareas de la casa cuando hay partidos. A ella generalmente le (6) _____aburren_____

(aburrir) los partidos. Pero cuando al equipo argentino le (7) _____falta_____ (faltar) un

gol para ganar, le (8) _____encantan_____ (encantar) los minutos finales del partido.

3 **El viaje** You and your uncle are packing and planning your upcoming vacation to the Caribbean. Rewrite his sentences, substituting the direct object with the one in parentheses. Make all the necessary changes.

> **modelo**
>
> A mis amigos les fascinan los partidos de béisbol. (la comida peruana)
> **A mis amigos les fascina la *comida peruana*.**

1. Te quedan bien las gafas de sol. (el sombrero verde)

   Te queda bien el sombrero verde. _____

2. Les molesta la música estadounidense. (las canciones populares)

   Les molestan las canciones populares. _____

3. ¿No te interesa aprender a bailar salsa? (nadar)

   ¿No te interesa nadar/aprender a nadar? _____

4. Les encantan las tiendas. (el centro comercial)

   Les encanta el centro comercial. _____

5. Nos falta practicar el español. (unas semanas de clase)

   Nos faltan unas semanas de clase. _____

6. No les importa esperar un rato. (buscar unos libros nuestros)

   No les importa buscar unos libros nuestros. _____

4 **¿Qué piensan?** Complete the sentences with the correct pronouns and forms of the verbs in parentheses.

1. A mí _____ me encantan _____ (encantar) las películas de misterio.

2. A Gregorio _____ le molestan _____ (molestar) mucho la nieve y el frío.

3. A ustedes _____ les falta _____ (faltar) un libro de esa colección.

4. ¿_____ Te quedan _____ (quedar) bien los sombreros a ti?

5. A ella no _____ le importan _____ (importar) las apariencias (*appearances*).

6. A mí los deportes por televisión _____ me aburren _____ (aburrir) mucho.

5 **Mi rutina diaria** Answer these questions using verbs like **gustar** in complete sentences.

1. ¿Te molesta levantarte temprano durante la semana?

   _____

2. ¿Qué te interesa hacer por las mañanas?

   _____

3. ¿Te importa despertarte temprano los fines de semana?

   _____

4. ¿Qué te encanta hacer los domingos?

   _____

Lección 7 Estructura Activities **81**

Síntesis

Interview a friend or relative about an interesting vacation he or she took. Then, gather the answers into a report. Use verbs like **gustar**, reflexive verbs, the preterite of **ser** and **ir**, and lesson vocabulary to answer the following questions:

- What did he or she like or love about the vacation? What interested him or her?
- Where did he or she stay, what were the accommodations like, and what was his or her daily routine like during the trip?
- Where did he or she go, what were the tours like, what were the tour guides like, and what were his or her travelling companions like?
- What bothered or angered him or her? What bored him or her during the vacation?

Be sure to address both the negative and positive aspects of the vacation. Answers will vary.

_____

_____

_____

_____

_____

_____

_____

_____

_____

_____

_____

_____

_____

_____

_____

_____

_____

_____

_____

_____

7.4 Verbs like **gustar**

1 **Escoger** Listen to each question and choose the most logical response.

1. (a.) Sí, me gusta. b. Sí, te gusta.
2. (a.) No, no le interesa. b. No, no le interesan.
3. (a.) Sí, les molestan mucho. b. No, no les molesta mucho.
4. (a.) No, no nos importa. b. No, no les importa.
5. a. Sí, le falta. (b.) Sí, me falta.
6. a. Sí, les fascina. (b.) No, no les fascinan.

2 **Cambiar** Form a new sentence using the cue you hear. Repeat the correct answer after the speaker. (*6 items*)

> **modelo**
> A ellos les interesan las ciencias. (a Ricardo)
> A Ricardo le interesan las ciencias.

3 **Preguntas** Answer each question you hear using the cue. Repeat the correct response after the speaker.

> **modelo**
> *You hear:* ¿Qué te encanta hacer?
> *You see:* patinar en línea
> *You say:* Me encanta patinar en línea.

1. la familia y los amigos 4. $2,00 7. no / nada
2. sí 5. el baloncesto y el béisbol 8. sí
3. las computadoras 6. no

4 **Preferencias** Listen to this conversation. Then fill in the chart with Eduardo's preferences and answer the question.

Le gusta	No le gusta
nadar/la natación	el tenis
ir de excursión al campo	el sol
el cine	ir de compras

¿Qué van a hacer los chicos esta tarde? <u>Los chicos van a quedarse/se van a quedar en casa esta tarde.</u>

vocabulario

You will now hear the vocabulary found in your textbook on the last page of this lesson. Listen and repeat each Spanish word or phrase after the speaker.

estructura 7.4

Estudiante 1

6 **La residencia** (student text p. 249) Tú y tu compañero/a de clase son los directores de una residencia estudiantil en Perú. Cada uno de ustedes tiene las descripciones de cinco estudiantes. Con la información tienen que escoger (*choose*) quiénes van a ser compañeros de cuarto. Después, completen la lista.

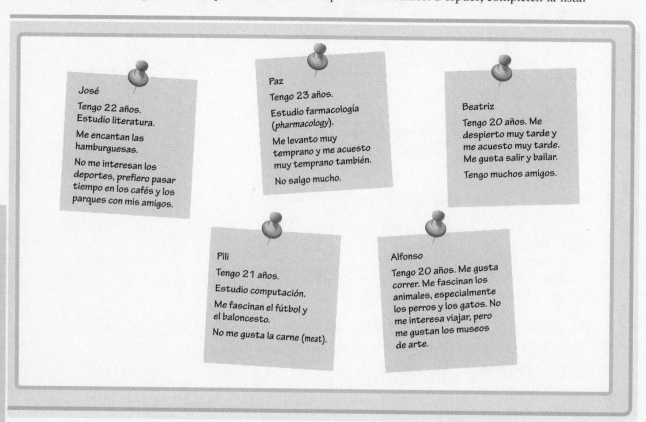

José

Tengo 22 años.
Estudio literatura.

Me encantan las hamburguesas.

No me interesan los deportes, prefiero pasar tiempo en los cafés y los parques con mis amigos.

Paz

Tengo 23 años.

Estudio farmacología (*pharmacology*).

Me levanto muy temprano y me acuesto muy temprano también.

No salgo mucho.

Beatriz

Tengo 20 años. Me despierto muy tarde y me acuesto muy tarde. Me gusta salir y bailar.

Tengo muchos amigos.

Pili

Tengo 21 años.

Estudio computación.

Me fascinan el fútbol y el baloncesto.

No me gusta la carne (meat).

Alfonso

Tengo 20 años. Me gusta correr. Me fascinan los animales, especialmente los perros y los gatos. No me interesa viajar, pero me gustan los museos de arte.

1. Habitación 201: _____ y _____

¿Por qué? _____

2. Habitación 202: _____ y _____

¿Por qué? _____

3. Habitación 203: _____ y _____

¿Por qué? _____

4. Habitación 204: _____ y _____

¿Por qué? _____

5. Habitación 205: _____ y _____

¿Por qué? _____

estructura 7.4

Estudiante 2

6

La residencia (student text p. 249) Tú y tu compañero/a de clase son los directores de una residencia estudiantil en Perú. Cada uno de ustedes tiene las descripciones de cinco estudiantes. Con la información tienen que escoger (*choose*) quiénes van a ser compañeros de cuarto. Después, completen la lista.

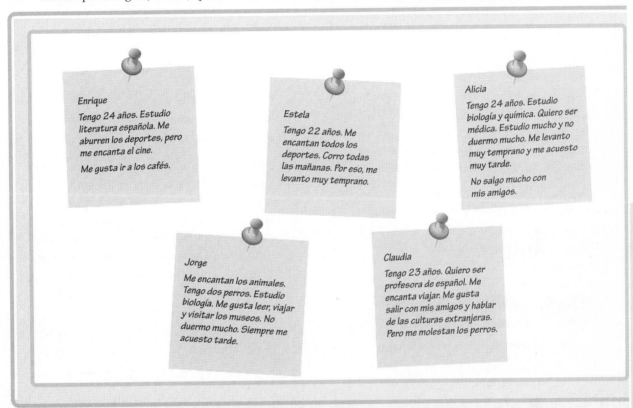

Enrique
Tengo 24 años. Estudio literatura española. Me aburren los deportes, pero me encanta el cine.
Me gusta ir a los cafés.

Estela
Tengo 22 años. Me encantan todos los deportes. Corro todas las mañanas. Por eso, me levanto muy temprano.

Alicia
Tengo 24 años. Estudio biología y química. Quiero ser médica. Estudio mucho y no duermo mucho. Me levanto muy temprano y me acuesto muy tarde.
No salgo mucho con mis amigos.

Jorge
Me encantan los animales. Tengo dos perros. Estudio biología. Me gusta leer, viajar y visitar los museos. No duermo mucho. Siempre me acuesto tarde.

Claudia
Tengo 23 años. Quiero ser profesora de español. Me encanta viajar. Me gusta salir con mis amigos y hablar de las culturas extranjeras. Pero me molestan los perros.

1. Habitación 201: _____ y _____

   ¿Por qué? _____

2. Habitación 202: _____ y _____

   ¿Por qué? _____

3. Habitación 203: _____ y _____

   ¿Por qué? _____

4. Habitación 204: _____ y _____

   ¿Por qué? _____

5. Habitación 205: _____ y _____

   ¿Por qué? _____

escritura

Estrategia
Sequencing events

Paying strict attention to sequencing in a narrative will ensure that your writing flows logically from one part to the next.

Every composition should have an introduction, a body, and a conclusion. The introduction presents the subject, the setting, the situation, and the people involved. The main part, or the body, describes the events and people's reactions to these events. The conclusion brings the narrative to a close.

Adverbs and adverbial phrases are sometimes used as transitions between the introduction, the body, and the conclusion. Here is a list of commonly used adverbs in Spanish:

Adverbios

además; también	in addition; also
al principio; en un principio	at first
antes (de)	before
después	then
después (de)	after
entonces; luego	then
más tarde	later
primero	first
pronto	soon
por fin, finalmente	finally
al final	finally

Tema
Escribe tu rutina

Antes de escribir

1. Vas a escribir una descripción de tu rutina diaria en uno de estos lugares, o en algún otro lugar interesante de tu propia (*your own*) invención:

   ► una isla desierta
   ► el Polo Norte
   ► un crucero (*cruise*) transatlántico
   ► un desierto

2. Mira el esquema (*diagram*) en la próxima página, donde vas a escribir los detalles de tu rutina diaria. Antes de escribir tus actividades en el esquema, considera cómo cambian algunos de los elementos más básicos de tu rutina en el lugar que escogiste (*you chose*). Por ejemplo, ¿dónde te acuestas en el Polo Norte? ¿Cómo te duchas en el desierto?

3. Haz una lista de palabras clave que ya conoces o que necesitas saber para escribir tu descripción.

Palabras clave que ya conozco	Palabras clave que necesito saber

4. Ahora completa el esquema. Escribe detalles sobre el lugar y sobre las personas de ese lugar en el círculo marcado **Introducción**. Luego usa verbos reflexivos para escribir seis actividades diarias en su secuencia normal en los seis cuadros (*boxes*). Finalmente, escribe detalles sobre tus opiniones del lugar y de tu vida allí en el círculo marcado **Conclusión**.

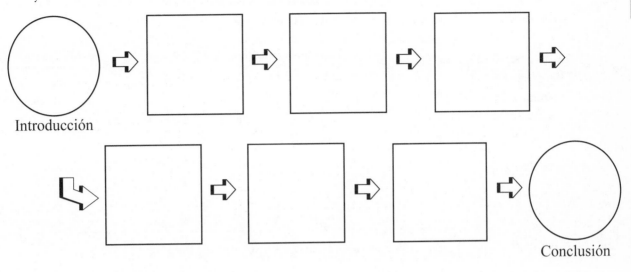

Introducción

Conclusión

5. Ahora, mira el esquema otra vez. ¿Qué adverbios puedes añadir al esquema para acentuar la secuencia de las actividades? Escríbelos encima de (*above*) cada cuadro del esquema.

Escribir

Usa el esquema y la lista de palabras clave para escribir tu narración. La narración debe tener una introducción (la información del primer círculo del esquema), una parte central (las actividades de los ocho cuadros) y una conclusión (la información del segundo círculo). También debes incluir los adverbios que escribiste encima de los cuadros para indicar la secuencia de las actividades.

Después de escribir

1. Intercambia tu borrador (*rough draft*) con un(a) compañero/a. Coméntalo y contesta estas preguntas.

   ▶ ¿Escribió tu compañero/a una introducción con detalles sobre el lugar y las personas de ese lugar?

   ▶ ¿Escribió tu compañero/a una parte central con ocho actividades de su rutina diaria?

   ▶ ¿Usó tu compañero/a adverbios para indicar la secuencia de las actividades?

   ▶ ¿Escribió tu compañero/a una conclusión con sus opiniones del lugar y de su vida allí?

   ▶ ¿Usó tu compañero/a correctamente los verbos reflexivos?

   ▶ ¿Qué detalles añadirías (*would you add*)? ¿Qué detalles quitarías (*would you delete*)? ¿Qué otros comentarios tienes para tu compañero/a?

2. Revisa tu narración según los comentarios de tu compañero/a. Después de escribir la versión final, léela otra vez para eliminar errores de:

   ▶ ortografía (*spelling*)

   ▶ puntuación

   ▶ uso de letras mayúsculas (*capital*) y minúsculas (*lowercase*)

   ▶ concordancia (*agreement*) entre sustantivos (*nouns*) y adjetivos

   ▶ uso de verbos reflexivos

   ▶ uso de verbos en el presente de indicativo (*present tense*)

Writing Activities

Nombre _____   Fecha _____

Tapas para todos los días

Antes de ver el video

1 **Más vocabulario** Look over these useful words before you watch the video.

Vocabulario útil		
los caracoles *snails* Cataluña *Catalonia (an autonomous community in Spain)* contar los palillos *counting the toothpicks* la escalivada *grilled vegetables*	informal *casual, informal* País Vasco *Basque Country (autonomous community in Spain)* el pan *bread* las porciones de comida *food portions*	preparaban unos platillos *used to prepare little dishes* las tortillas de patata *Spanish potato omelets* el trabajo *job; work* único/a *unique*

2 **Completar** Complete this paragraph about **tapas** with vocabulary from Activity 1.

Las tapas son pequeñas (1)___porciones de comida___ que se sirven en bares y restaurantes de España.
Hay diferentes tipos de tapas: los (2)___caracoles___ y las (3)___tortillas de patata/escalivadas___ son
algunos ejemplos. En algunos bares, los camareros (*waiters*) traen la comida, pero en lugares más
(4)___informales___ el cliente toma las tapas en la barra (*bar*). Es muy común salir solo o con
amigos a tomar tapas después del trabajo. Sin duda, ¡salir de tapas en España es una experiencia
fantástica y (5)___única___!

3 **¡En español!** Look at the video still. Imagine what Mari Carmen will say about **tapas** in Barcelona, and write a two- or three-sentence introduction to this episode. Answers will vary.

Mari Carmen, España

¡Hola! Hoy estamos en Barcelona. Esta bonita ciudad... _____

_____

_____

_____

_____

Mientras ves el video

4 **Montaditos** Indicate whether these statements about **montaditos** are **cierto** or **falso**.

1. Los cajeros cuentan los palillos para saber cuánto deben pagar los clientes. ___Cierto.___

2. Los montaditos son informales. ___Cierto.___

3. Los montaditos son caros. ___Falso.___

4. Los montaditos se preparan siempre con pan. ___Cierto.___

5. Hay montaditos en bares al aire libre solamente. ___Falso.___

5 **Completar** (03:13–03:29) Watch these people talk about **tapas**, and complete this conversation.

MARI CARMEN ¿Cuándo sueles venir a (1)_____tomar_____ tapas?

HOMBRE Generalmente (2)_____después_____ del trabajo. Cuando al salir de trabajar

(3)_____tengo_____ hambre, vengo (4)_____aquí_____.

MARI CARMEN ¿Y vienes solo, vienes con amigos o da igual (*doesn't it matter*)?

HOMBRE Da igual. Si alguien (5)_____viene_____ conmigo, mejor; y si no, vengo solo.

Después de ver el video

6 **¿Cierto o falso?** Indicate whether these statements are **cierto** or **falso**.

1. Mari Carmen pasea en motocicleta por el centro de Barcelona. _____Cierto._____

2. Mari Carmen entrevista a personas sobre sus hábitos después de salir del trabajo._____Cierto._____

3. Una versión sobre el origen de las tapas dice que un rey (*king*) necesitaba (*needed*) comer pocas

   veces al día. _____Falso._____

4. Los restaurantes elegantes y caros sirven montaditos. _____Falso._____

5. La tradición del montadito proviene (*comes from*) del País Vasco. _____Cierto._____

6. Los pinchos son sólo platos fríos. _____Falso._____

7 **Un día en la vida de...** Select one of these people and imagine a typical workday. Consider his or her daily routine as well as the time he or she gets up, goes to work, spends with friends, goes back home, and goes to sleep. Use the words provided. Answers will vary.

más tarde	se acuesta	se levanta
por la noche	se cepilla los dientes	va al trabajo

_____

_____

_____

_____

_____

_____

Lección 7 Flash cultura Video Activities   **89**

panorama

Perú

1 **Datos de Perú** Complete the sentences with the correct words.

1. _____Lima_____ es la capital de Perú y _____Arequipa_____ es la segunda ciudad más poblada.

2. _____Iquitos_____ es un puerto muy importante en el río Amazonas.

3. El barrio bohemio de la ciudad de Lima se llama _____Barranco_____.

4. Hiram Bingham descubrió las ruinas de _____Machu Picchu_____ en los Andes.

5. Las llamas, alpacas, guanacos y vicuñas son parientes del _____camello_____.

6. Las Líneas de _____Nazca_____ son uno de los grandes misterios de la humanidad.

2 **Perú** Fill in the blanks with the names and places described. Then use the words formed by the highlighted boxes to answer the final question.

1. barrio bohemio de Lima
2. animales que se usan para carga y transporte
3. en Perú se habla este idioma
4. capital de Perú
5. montañas de Perú
6. dirección de Machu Picchu desde Cuzco

7. puerto en el río Amazonas
8. animales que dan lana
9. esta civilización peruana dibujó líneas
10. profesión de César Vallejo

¿Por dónde se llega caminando a Machu Picchu?

Se llega por el Camino Inca _____.

¹B	A	R	R	A	N	C	O
				²L	L	A	M	A	S

¹B A R R A N C O
²L L A M A S
³A I M A R A
⁴L I M A
⁵A N D E S
⁶N O R O E S T E

⁷I Q U I T O S
⁸G U A N A C O S
⁹N A Z C A
¹⁰P O E T A

3 **Ciudades peruanas** Fill in the blanks with the names of the appropriate cities in Peru.

1. ciudad al sureste (*southeast*) de Cuzco _____Arequipa_____

2. se envían productos por el Amazonas _____Iquitos_____

3. Museo Oro del Perú _____Lima_____

4. está a 80 km de Machu Picchu _____Cuzco_____

5. ciudad antigua del Imperio inca _____Machu Picchu_____

4 **¿Cierto o falso?** Indicate whether each statement is **cierto** or **falso**. Correct the false statements.

1. Trujillo es un destino popular para los ecoturistas que visitan la selva.

Falso. Iquitos es un destino popular para los ecoturistas que visitan la selva.

2. Mario Vargas Llosa es un escritor peruano famoso.

Cierto.

3. La Iglesia de San Francisco es notable por la influencia de la arquitectura árabe.

Falso. La Iglesia de San Francisco es notable por la influencia de la arquitectura barroca colonial.

4. Las ruinas de Machu Picchu están en la cordillera de los Andes.

Cierto.

5. Las llamas se usan para la carga y el transporte en Perú.

Cierto.

6. La civilización inca hizo dibujos que sólo son descifrables desde el aire.

Falso. La civilización nazca hizo dibujos que sólo son descifrables desde el aire.

5 **El mapa de Perú** Label the map of Peru.

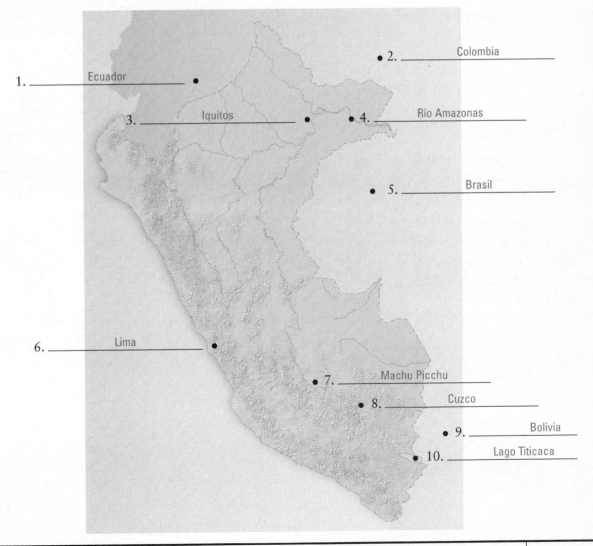

1. _____ Ecuador

2. _____ Colombia

3. _____ Iquitos

4. _____ Río Amazonas

5. _____ Brasil

6. _____ Lima

7. _____ Machu Picchu

8. _____ Cuzco

9. _____ Bolivia

10. _____ Lago Titicaca

Panorama: Perú

Antes de ver el video

1   **Más vocabulario** Look over these useful words and expressions before you watch the video.

Vocabulario útil		
canoa *canoe*	exuberante naturaleza	ruta *route, path*
dunas *sand dunes*	*lush countryside*	tabla *board*

2   **Preferencias** In this video you are going to learn about unusual sports. In preparation for watching the video, answer these questions about your interest in sports. Answers will vary.

1. ¿Qué deportes practicas?

_____

2. ¿Dónde los practicas?

_____

3. ¿Qué deportes te gusta ver en televisión?

_____

Mientras ves el video

3   **Fotos** Describe the video stills. Write at least three sentences in Spanish for each still. Answers will vary.

_____

_____

_____

_____

_____

_____

_____

_____

_____

_____

Después de ver el video

4 **¿Cierto o falso?** Indicate whether each statement is **cierto** or **falso**. Correct the false statements.

1. Pachacamac es el destino favorito para los que pasean en bicicletas de montaña.

   Cierto.

2. El *sandboard* es un deporte antiguo en Perú.

   Falso. El *sandboard* es un deporte nuevo en Perú.

3. El *sandboard* se practica en Ocucaje porque en este lugar hay muchos parques.

   Falso. El *sandboard* se practica en Ocucaje porque allí hay grandes dunas.

4. El Camino Inca termina en Machu Picchu.

   Cierto.

5. El Camino Inca se puede completar en dos horas.

   Falso. El camino Inca se puede completar en tres o cuatro días.

6. La pesca en pequeñas canoas es un deporte tradicional.

   Cierto.

5 **Completar** Complete the sentences with words from the word bank.

aventura	kilómetros	pesca
excursión	llamas	restaurante
exuberante	parque	tradicional

1. En Perú, se practican muchos deportes de ___aventura___.

2. Pachacamac está a 31 ___kilómetros___ de Lima.

3. La naturaleza en Santa Cruz es ___exuberante___.

4. En Perú, uno de los deportes más antiguos es la ___pesca___ en pequeñas canoas.

5. Caminar con ___llamas___ es uno de los deportes tradicionales en Perú.

6. Santa Cruz es un sitio ideal para ir de ___excursión___.

6 **Escribir** Imagine that you just completed the **Camino Inca**. In Spanish, write a short letter to a friend telling him or her about the things you did and saw. Answers will vary.

_____

_____

_____

_____

_____

_____

_____

contextos

1 **¿Qué comida es?** Read the descriptions and write the names of the food in the blanks.

1. Son rojos y se sirven (*they are served*) en las ensaladas. <u>los tomates</u>

2. Se come (*It is eaten*) antes del plato principal; es líquida y caliente (*hot*). <u>la sopa</u>

3. Son unas verduras anaranjadas, largas y delgadas. <u>las zanahorias</u>

4. Hay de naranja y de manzana; se bebe en el desayuno. <u>el jugo</u>

5. Son dos rebanadas (*slices*) de pan con queso y jamón. <u>el sándwich</u>

6. Es comida rápida; se sirven con hamburguesas y se les pone sal. <u>las papas fritas</u>

7. Son pequeños y rosados; viven en el mar. <u>los camarones</u>

8. Son frutas amarillas; con ellas, agua y azúcar se hace una bebida de verano. <u>los limones</u>

2 **Categorías** Categorize the foods listed in the word bank.

aceite	camarones	hamburguesas	maíz	papas	salchichas
arvejas	cebollas	jamón	mantequilla	peras	salmón
atún	champiñones	langosta	manzanas	pimienta	uvas
azúcar	chuletas de cerdo	leche	mayonesa	pollo	vinagre
bananas		lechuga	melocotones	queso	yogur
bistec	espárragos	limones	naranjas	sal	zanahorias

Verduras	Productos lácteos (*dairy*)	Condimentos	Carnes y aves (*poultry*)	Pescados y mariscos	Frutas
arvejas	leche	aceite	bistec	atún	bananas
cebollas	mantequilla	azúcar	chuletas de cerdo	camarones	limones
champiñones	queso	mayonesa	hamburguesas	langosta	manzanas
espárragos	yogur	pimienta	jamón	salmón	melocotones
lechuga		sal	pollo		naranjas
maíz		vinagre	salchichas		peras
papas					uvas
zanahorias					

Lección 8 Contextos Activities

3 **¿Qué es?** Label the food item shown in each drawing.

Suggested answers:

1. _____ el vino tinto _____

2. _____ las zanahorias _____

3. _____ los camarones _____

4. _____ las uvas _____

4 **¿Cuándo lo comes?** Read the lists of meals, then categorize when the meals would be eaten.
Answers may vary. Suggested answers:

1. un sándwich de jamón y queso, unas chuletas de cerdo con arroz y frijoles, un yogur y un café con leche

Desayuno _____ un yogur y un café con leche _____

Almuerzo _____ un sándwich de jamón y queso _____

Cena _____ unas chuletas de cerdo con arroz y frijoles _____

2. una langosta con papas y espárragos, huevos fritos y jugo de naranja, una hamburguesa y un refresco

Desayuno _____ huevos fritos y jugo de naranja _____

Almuerzo _____ una hamburguesa y un refresco _____

Cena _____ una langosta con papas y espárragos _____

3. pan tostado con mantequilla, un sándwich de atún y un té helado, un bistec con cebolla y arroz

Desayuno _____ pan tostado con mantequilla _____

Almuerzo _____ un sándwich de atún y un té helado _____

Cena _____ un bistec con cebolla y arroz _____

4. una sopa y una ensalada, cereales con leche, pollo asado con ajo y champiñones

Desayuno _____ cereales con leche _____

Almuerzo _____ una sopa y una ensalada _____

Cena _____ pollo asado con ajo y champiñones _____

contextos

1   Identificar   Listen to each question and mark an **X** in the appropriate category.

> **modelo**
> *You hear:* ¿Qué es la piña?
> *You mark:* an **X** under **fruta**.

	carne	pescado	verdura	fruta	bebida
Modelo	_____	_____	_____	**X**	_____
1.	_____	X	_____	_____	_____
2.	_____	_____	_____	_____	X
3.	_____	_____	X	_____	_____
4.	_____	X	_____	_____	_____
5.	X	_____	_____	_____	_____
6.	_____	_____	_____	X	_____
7.	X	_____	_____	_____	_____
8.	_____	_____	_____	_____	X

2   Describir   Listen to each sentence and write the number of the sentence below the drawing of the food or drink mentioned.

   a. ____4____

   b. ____6____

   c. ____9____

   d. ____1____

   e. ____7____

   f. ____3____

   g. ____10____

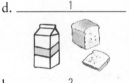   h. ____2____

   i. ____5____

j. ____5____

3   En el restaurante   You will hear a couple ordering a meal in a restaurant. Write the items they order in the appropriate categories.

	SEÑORA	SEÑOR
Primer plato	ensalada de lechuga y tomate	sopa de verduras
Plato principal	hamburguesa con queso y papas fritas	pollo asado con arvejas y zanahorias
Bebida	agua mineral	agua mineral

Lección 8 Audio Activities

contextos

Estudiante 1

11 **Crucigrama** (student text p. 267) Tú y tu compañero/a tienen un crucigrama (*crossword puzzle*) incompleto. Tú tienes las palabras que necesita tu compañero/a y él/ella tiene las palabras que tú necesitas. Tienen que darse pistas (*clues*) para completarlo. No pueden decir la palabra; deben utilizar definiciones, ejemplos y frases.

> **modelo**
> **6 vertical:** Es un *condimento que normalmente viene con* la sal.
> **12 horizontal:** Es una fruta amarilla.

contextos

Estudiante 2

11 **Crucigrama** (student text p. 267) Tú y tu compañero/a tienen un crucigrama (*crossword puzzle*) incompleto. Tú tienes las palabras que necesita tu compañero/a y él/ella tiene las palabras que tú necesitas. Tienen que darse pistas (*clues*) para completarlo. No pueden decir la palabra; deben utilizar definiciones, ejemplos y frases.

> *modelo*
> **6 vertical:** Es un *condimento* que normalmente viene con la sal.
> **12 horizontal:** Es una fruta amarilla.

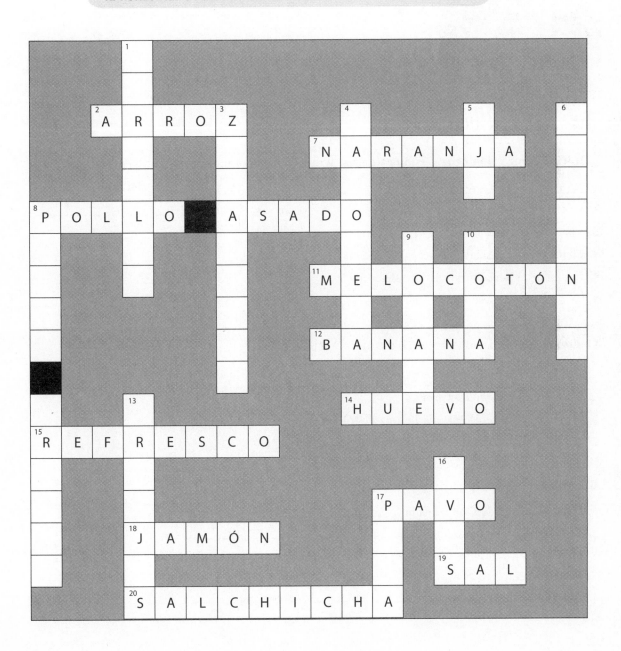

Una cena... romántica   **Lección 8**

Antes de ver el video

1 **En un restaurante** What do you do and say when you have dinner at a restaurant? Answers will vary.

_____

_____

_____

_____

_____

_____

_____

Mientras ves el video

2 **¿Quién?** Watch **Una cena... romántica** and write the name of the person who says each sentence.

Oración	Nombre
1. La ensalada viene con aceite y vinagre.	Camarero
2. Vino blanco para mí.	Maru
3. Mejor pido la ensalada de pera con queso.	Miguel
4. Los espárragos están sabrosísimos esta noche.	Felipe
5. Señor, él es más responsable que yo.	Juan Carlos

3 **Ordenar** Show the order in which the following took place.

_3_ a. Felipe les pone pimienta a los platillos.

_1_ b. Miguel pide una cerveza.

_2_ c. El camarero recomienda la sopa de frijoles.

_4_ d. El gerente llega a la mesa de Maru y Miguel.

4 **Completar** Fill in the missing words.

1. **MARU**   No sé qué pedir. ¿Qué me _____recomiendas_____?

2. **CAMARERO**   ¿Ya decidieron qué quieren de _____entremés_____ ?

3. **MARU**   Tienes razón, Felipe. Los espárragos están _____deliciosos_____.

4. **FELIPE**   ¿Quién _____pidió_____ jamón?

5. **JUAN CARLOS** ¿Aquí vienen _____tantos_____ mexicanos _____como_____ extranjeros?

Después de ver el video

5 **Opiniones** Say who expressed the following opinions, either verbally or through body language.

_____Maru_____ 1. Los mariscos parecen tan ricos como el jamón.

_____el camarero_____ 2. Este joven me está molestando con sus preguntas.

_____Felipe_____ 3. Los champiñones están deliciosos.

_____Juan Carlos_____ 4. Felipe tiene la culpa (*is guilty*) de lo que pasó.

_____el gerente_____ 5. Vamos a la cocina para que paguen lo que hicieron.

6 **Corregir** Correct these statements.

1. Miguel le dice a Maru que la langosta se ve muy buena.

   Miguel le dice a Maru que las chuletas de cerdo se ven muy buenas.

2. De beber, Maru y Miguel piden té.

   De beber, Maru pide vino blanco y Miguel pide cerveza.

3. El plato principal es ceviche de camarones con cilantro y limón.

   El entremés es ceviche de camarones con limón y cilantro./El plato principal es bistec con verduras a la plancha.

4. Maru pide el jamón con arvejas.

   Maru pide el jamón con espárragos.

5. Felipe dice que los champiñones saben a vinagre.

   Felipe dice que los champiñones saben a mantequilla.

6. Felipe dice que es el mejor camarero del mundo.

   Felipe dice que es el peor camarero del mundo.

7 **Preguntas personales** Answer these questions in Spanish. Answers will vary.

1. ¿Almuerzas en la cafetería de tu escuela? ¿Por qué? _____

   _____

2. ¿Cuál es tu plato favorito? ¿Por qué? _____

   _____

3. ¿Cuál es el mejor restaurante de tu comunidad? Explica (*Explain*) tu opinión. _____

   _____

4. ¿Cuál es tu restaurante favorito? ¿Cuál es la especialidad de ese restaurante? _____

   _____

5. ¿Sales mucho a cenar con tu familia? ¿Adónde van a cenar? _____

   _____

Lección 8 Fotonovela Video Activities **101**

Lección 8

Video Activities: *Fotonovela*

pronunciación

ll, ñ, c, and z

Most Spanish speakers pronounce **ll** like the *y* in *yes*.

po**ll**o   **ll**ave   e**ll**a   cebo**ll**a

The letter **ñ** is pronounced much like the *ny* in *canyon*.

ma**ñ**ana   se**ñ**or   ba**ñ**o   ni**ñ**a

Before **a**, **o**, or **u**, the Spanish **c** is pronounced like the *c* in *car*.

café   **c**olombiano   **c**uando   ri**c**o

Before **e** or **i**, the Spanish **c** is pronounced like the *s* in *sit*. In parts of Spain, **c** before **e** or **i** is pronounced like the *th* in *think*.

cereales   deli**c**ioso   condu**c**ir   cono**c**er

The Spanish **z** is pronounced like the *s* in *sit*. In parts of Spain, **z** is pronounced like the *th* in *think*.

zeta   **z**anahoria   almuer**z**o   cerve**z**a

---

1 **Práctica** Repeat each word after the speaker to practice pronouncing **ll**, **ñ**, **c**, and **z**.

1. mantequilla
2. cuñado
3. aceite
4. manzana
5. español
6. cepillo
7. zapato
8. azúcar
9. quince
10. compañera
11. almorzar
12. calle

---

2 **Oraciones** When the speaker pauses, repeat the corresponding sentence or phrase, focusing on **ll**, **ñ**, **c**, and **z**.

1. Mi compañero de cuarto se llama Toño Núñez. Su familia es de la Ciudad de Guatemala y de Quetzaltenango.
2. Dice que la comida de su mamá es deliciosa, especialmente su pollo al champiñón y sus tortillas de maíz.
3. Creo que Toño tiene razón porque hoy cené en su casa y quiero volver mañana para cenar allí otra vez.

---

3 **Refranes** Repeat each saying after the speaker to practice pronouncing **ll**, **ñ**, **c**, and **z**.

1. Las aparencias engañan.
2. Panza llena, corazón contento.

---

4 **Dictado** You will hear five sentences. Each will be said twice. Listen carefully and write what you hear.

1. Catalina compró mantequilla, chuletas de cerdo, refrescos y melocotones en el mercado.

2. Ese señor español quiere almorzar en un restaurante francés.

3. El mozo le recomendó los camarones con arroz.

4. En mi casa empezamos la comida con una sopa.

5. Guillermo llevó a Alicia al Café Azul anoche.

---

estructura

8.1 Preterite of stem-changing verbs

1 **En el pasado** Rewrite each sentence, conjugating the verbs into the preterite tense.

1. Ana y Enrique piden unos refrescos fríos.

   Ana y Enrique pidieron unos refrescos fríos.

2. Mi mamá nos sirve arroz con frijoles y carne.

   Mi mamá nos sirvió arroz con frijoles y carne.

3. Tina y Linda duermen en un hotel de Lima.

   Tina y Linda durmieron en un hotel de Lima.

4. Las flores (*flowers*) de mi tía mueren durante el otoño.

   Las flores de mi tía murieron durante el otoño.

5. Ustedes se sienten bien porque ayudan a las personas.

   Ustedes se sintieron bien porque ayudaron a las personas.

2 **¿Qué hicieron?** For each sentence, choose the correct verb from those in parentheses. Then complete the sentence by writing the preterite form of the verb.

1. Rosana y Héctor _____repitieron_____ las palabras del profesor. (repetir, dormir, morir)

2. El abuelo de Luis _____murió_____ el año pasado. (pedir, morir, servir)

3. (yo) _____Serví_____ camarones y salmón de cena en mi casa. (morir, conseguir, servir)

4. Lisa y tú _____pidieron_____ pan tostado con queso y huevos. (sentirse, seguir, pedir)

5. Elena _____durmió_____ en casa de su prima el sábado. (dormir, pedir, repetir)

6. Gilberto y su familia _____prefirieron_____ ir al restaurante francés. (servir, preferir, vestirse)

3 **No pasó así** Your brother is very confused today. Correct his mistakes by rewriting each sentence, replacing the subject with the one given in parentheses.

1. Anoche nos sentimos alegres. (mis primos)

   Anoche mis primos se sintieron alegres.

2. Melinda y Juan siguieron a Camelia por la ciudad en el auto. (yo)

   (Yo) Seguí a Camelia por la ciudad en el auto.

3. Alejandro prefirió quedarse en casa. (ustedes)

   Ustedes prefirieron quedarse en casa.

4. Pedí un plato de langosta con salsa de mantequilla. (ellas)

   Ellas pidieron un plato de langosta con salsa de mantequilla.

5. Los camareros les sirvieron una ensalada con atún y espárragos. (tu esposo)

   Tu esposo les sirvió una ensalada con atún y espárragos.

4 **En el restaurante** Create sentences from the elements provided. Use the preterite form of the verbs.

1. (nosotros) / preferir / este restaurante al restaurante italiano

Preferimos este restaurante al restaurante italiano.

2. mis amigos / seguir / a Gustavo para encontrar el restaurante

Mis amigos siguieron a Gustavo para encontrar el restaurante.

3. la camarera / servirte / huevos fritos y café con leche

La camarera te sirvió huevos fritos y café con leche.

4. ustedes / pedir / ensalada de mariscos y vino blanco

Ustedes pidieron ensalada de mariscos y vino blanco.

5. Carlos / preferir / las papas fritas

Carlos prefirió las papas fritas.

6. (yo) / conseguir / el menú del restaurante

Conseguí el menú del restaurante.

5 **La planta de la abuela** Complete this message with the preterite form of the verbs from the word bank. Use each verb only once.

| conseguir | morir | preferir | seguir | servir |
| dormir | pedir | repetir | sentirse | vestirse |

Querida tía:

El fin de semana pasado fui a visitar a mi abuela Lilia en el campo. (Yo) Le (1) conseguí unos libros en la biblioteca de la escuela porque ella me los (2) pidió. Cuando llegué, mi abuela me (3) sirvió un plato sabroso de arroz con frijoles. La encontré triste porque la semana pasada su planta de tomates (4) murió y ahora tiene que comprar los tomates en el mercado. Me invitó a quedarme, y yo (5) dormí en su casa. Por la mañana, abuela Lilia se despertó temprano, (6) se vistió y salió a comprar huevos para el desayuno. Me levanté inmediatamente y la (7) seguí porque quería ir con ella al mercado. En el mercado, ella me (8) repitió que estaba triste por la planta de tomates. Le pregunté: ¿Debemos comprar otra planta de tomates?, pero ella (9) prefirió esperar hasta el verano. Después del desayuno, yo (10) me sentí triste cuando volví a la escuela. Quiero mucho a la abuela. ¿Cuándo la vas a visitar?

Chau,

Mónica

estructura

8.1 Preterite of stem-changing verbs

1 Identificar Listen to each sentence and decide whether the verb is in the present or the preterite tense. Mark an **X** in the appropriate column.

> **modelo**
> *You hear:* Pido bistec con papas fritas.
> *You mark:* an **X** under *Present*.

	Present	*Preterite*
Modelo	**X**	
1.	X	
2.		X
3.		X
4.		X
5.		X
6.		X
7.		X
8.		X

2 Cambiar Change each sentence you hear substituting the new subject given. Repeat the correct response after the speaker. (*6 items*)

> **modelo**
> Tú no dormiste bien anoche. (los niños)
> **Los niños no durmieron bien anoche.**

3 Preguntas Answer each question you hear using the cue. Repeat the correct response after the speaker.

> **modelo**
> *You hear:* ¿Qué pediste?
> *You see:* pavo asado con papas y arvejas
> *You say:* **Pedí pavo asado con papas y arvejas.**

1. Sí	3. leche	5. No
2. No	4. Sí	6. la semana pasada

4 Un día largo Listen as Ernesto describes what he did yesterday. Then read the statements and decide whether they are **cierto** or **falso**.

	Cierto	Falso
1. Ernesto se levantó a las seis y media de la mañana.	○	●
2. Se bañó y se vistió en poco tiempo.	●	○
3. Los clientes empezaron a llegar a la una.	○	●
4. Almorzó temprano.	○	●
5. Pidió pollo asado con papas.	●	○
6. Después de almorzar, Ernesto y su primo siguieron trabajando.	●	○

8.2 Double object pronouns

1 **Buena gente** Rewrite each sentence, replacing the direct objects with direct object pronouns.

1. La camarera te sirvió el plato de pasta con mariscos.

   La camarera te lo sirvió.

2. Isabel nos trajo la sal y la pimienta a la mesa.

   Isabel nos las trajo (a la mesa).

3. Javier me pidió el aceite y el vinagre anoche.

   Javier me los pidió (anoche).

4. El dueño nos busca una mesa para seis personas.

   El dueño nos la busca (para seis personas).

5. Tu madre me consigue unos melocotones deliciosos.

   Tu madre me los consigue.

6. ¿Te recomendaron este restaurante Lola y Paco?

   ¿Te lo recomendaron Lola y Paco?

2 **En el restaurante** Last night, you and some friends ate in a popular new restaurant. Rewrite what happened there, using double object pronouns in each sentence.

1. La dueña nos abrió la sección de no fumar.

   La dueña nos la abrió.

2. Le pidieron los menús al camarero.

   Se los pidieron.

3. Nos buscaron un lugar cómodo y nos sentamos.

   Nos lo buscaron y nos sentamos.

4. Les sirvieron papas fritas con el pescado a los clientes.

   Se las sirvieron (con el pescado).

5. Le llevaron unos entremeses a la mesa a Marcos.

   Se los llevaron (a la mesa).

6. Me trajeron una ensalada de lechuga y tomate.

   Me la trajeron.

7. El dueño le compró la carne al señor Gutiérrez.

   El dueño se la compró.

8. Ellos te mostraron los vinos antes de servirlos.

   Ellos te los mostraron (antes de servirlos).

3 **¿Quiénes son?** Answer the questions, using double object pronouns.

1. ¿A quiénes les escribiste las postales? (a ellos) _Se las escribí a ellos._

2. ¿Quién le recomendó ese plato? (su tío) _Se lo recomendó su tío./Su tío se lo recomendó._

3. ¿Quién nos va a abrir la puerta a esta hora? (Sonia) _Nos la va a abrir Sonia./Sonia nos la va a abrir./Sonia va a abrírnosla._

4. ¿Quién les sirvió el pescado asado? (Miguel) _Se lo sirvió Miguel./Miguel se lo sirvió._

5. ¿Quién te llevó los entremeses? (mis amigas) _Me los llevaron mis amigas./Mis amigas me los llevaron._

6. ¿A quién le ofrece frutas Roberto? (a su familia) _(Roberto) Se las ofrece a su familia._

4 **La cena** Read the two conversations. Then answer the questions, using double object pronouns.

CELIA *(A Tito)* Rosalía me recomendó este restaurante.
DUEÑO Buenas noches, señores. Les traigo unos entremeses, cortesía del restaurante.
CAMARERO Buenas noches. ¿Quieren ver el menú?
TITO Sí, por favor. ¿Está buena la langosta?
CAMARERO Sí, es la especialidad del restaurante.
CELIA ¿Cuánto vale la langosta?
CAMARERO Vale treinta dólares.
TITO Entonces queremos pedir dos.
CELIA Y yo quiero una copa *(glass)* de vino tinto, por favor.

CAMARERO Tenemos flan y fruta de postre *(for dessert)*.
CELIA Perdón, ¿me lo puede repetir?
CAMARERO Tenemos flan y fruta.
CELIA Yo no quiero nada de postre, gracias.
DUEÑO ¿Les gustó la cena?
TITO Sí, nos encantó. Muchas gracias. Fue una cena deliciosa.

1. ¿Quién le recomendó el restaurante a Celia? _Se lo recomendó Rosalía./Rosalía se lo recomendó._

2. ¿Quién les sirvió los entremeses a Celia y a Tito? _Se los sirvió el dueño./El dueño se los sirvió._

3. ¿Quién les trajo los menús a Celia y a Tito? _Se los trajo el camarero./El camarero se los trajo._

4. ¿A quién le preguntó Celia el precio de la langosta? _Se lo preguntó al camarero._

5. ¿Quién le pidió las langostas al camarero? _Se las pidió Tito./Tito se las pidió._

6. ¿Quién le pidió un vino tinto al camarero? _Se lo pidió Celia./Celia se lo pidió._

7. ¿Quién le repitió a Celia la lista de postres? _Se la repitió el camarero./El camarero se la repitió._

8. ¿A quién le dio las gracias Tito cuando se fueron? _Se las dio al dueño._

8.2 Double object pronouns

1 **Escoger** The manager of El Gran Pavo Restaurant wants to know what items the chef is going to serve to the customers today. Listen to each question and choose the correct response.

> **modelo**
>
> *You hear:* ¿Les vas a servir sopa a los clientes?
> *You read:* a. Sí, se la voy a servir.   b. No, no se lo voy a servir.
> *You mark:* **a** because it refers to **la sopa.**

1. a. Sí, se las voy a servir.   ⓑ No, no se los voy a servir.

2. ⓐ Sí, se la voy a servir.   b. No, no se lo voy a servir.

3. ⓐ Sí, se los voy a servir.   b. No, no se las voy a servir.

4. a. Sí, se los voy a servir.   ⓑ No, no se las voy a servir.

5. a. Sí, se la voy a servir.   ⓑ No, no se lo voy a servir.

6. ⓐ Sí, se lo voy a servir.   b. No, no se la voy a servir.

2 **Cambiar** Repeat each statement, replacing the direct object noun with a pronoun. (*6 items*)

> **modelo**
>
> María te hace ensalada.
> María te la hace.

3 **Preguntas** Answer each question using the cue you hear and object pronouns. Repeat the correct response after the speaker. (*5 items*)

> **modelo**
>
> ¿Me recomienda usted los mariscos? (sí)
> Sí, se los recomiendo.

4 **Una fiesta** Listen to this conversation between Eva and Marcela. Then read the statements and decide whether they are **cierto** or **falso**.

	Cierto	Falso
1. Le van a hacer una fiesta a Sebastián.	⊘	○
2. Le van a preparar langosta.	○	⊘
3. Le van a preparar una ensalada de mariscos.	⊘	○
4. Van a tener vino tinto, cerveza, agua mineral y té helado.	○	⊘
5. Clara va a comprar cerveza.	○	⊘
6. Le compraron un cinturón.	○	⊘

estructura 8.2

Estudiante 1

5 **Regalos de Navidad** (student text p. 280) Tú y tu compañero/a tienen una parte de la lista de los regalos de Navidad (*Christmas gifts*) que Berta pidió y los regalos que sus parientes le compraron. Conversen para completar sus listas.

> **modelo**
>
> **Estudiante 1:** ¿Qué le pidió Berta a su mamá?
> **Estudiante 2:** Le pidió una *computadora*. ¿Se la compró?
> **Estudiante 1:** Sí, se la compró.

	Lo que Berta pidió	Lo que sus parientes le compraron
1.	a su mamá:	su mamá: una computadora
2.	a su papá: un estéreo	su papá:
3.	a su abuelita: una bicicleta	su abuelita:
4.	a su tío Samuel:	su tío Samuel: una mochila
5.	a su hermano Raúl:	su hermano Raúl: zapatos de tenis
6.	a su hermanastra: zapatos de tenis	su hermanastra:
7.	a sus tíos Juan y Rebeca: sandalias	sus tíos Juan y Rebeca:
8.	a su prima Nilda:	su prima Nilda: un sombrero

estructura 8.2

Estudiante 2

5 **Regalos de Navidad** (student text p. 280) Tú y tu compañero/a tienen una parte de la lista de los regalos de Navidad (*Christmas gifts*) que Berta pidió y los regalos que sus parientes le compraron. Conversen para completar sus listas.

> **modelo**
>
> **Estudiante 1:** ¿Qué le pidió Berta a su mamá?
> **Estudiante 2:** Le pidió una computadora. ¿Se la compró?
> **Estudiante 1:** Sí, se la compró.

	Lo que Berta pidió	Lo que sus parientes le compraron
1.	a su mamá: una computadora	su mamá:
2.	a su papá:	su papá: una radio
3.	a su abuelita:	su abuelita: un suéter
4.	a su tío Samuel: una mochila	su tío Samuel:
5.	a su hermano Raúl: una blusa	su hermano Raúl:
6.	a su hermanastra:	su hermanastra: sandalias
7.	a sus tíos Juan y Rebeca:	sus tíos Juan y Rebeca: un libro
8.	a su prima Nilda: una camisa	su prima Nilda:

Lección 8

Communication Activities

8.3 Comparisons

1 **¿Cómo se comparan?** Complete the sentences with the Spanish of the comparison in parentheses.

1. Puerto Rico es _____*más pequeño que*_____ (*smaller than*) Guatemala.

2. Felipe corre _____*más rápido que*_____ (*faster than*) su amigo Juan Carlos.

3. Los champiñones son ___*tan ricos/deliciosos/sabrosos/buenos como*___ (*as tasty as*) los espárragos.

4. Los jugadores de baloncesto son _____*más altos que*_____ (*taller than*) los otros estudiantes.

5. Laura es _____*más trabajadora que*_____ (*more hard-working than*) su novio Pablo.

6. Marisol es _____*menos inteligente que*_____ (*less intelligent than*) su hermana mayor.

7. La nueva novela de ese escritor es _____*tan mala como*_____ (*as bad as*) su primera novela.

8. Agustín y Mario están _____*menos gordos que*_____ (*less fat than*) antes.

2 **Lo obvio** Your friend Francisco is always sharing his opinions with you, even though his comparisons are always painfully obvious. Write sentences that express his opinions, using the adjectives in parentheses.

> **modelo**
> (inteligente) Albert Einstein / Homer Simpson
> Albert Einstein es más inteligente que Homer Simpson.

1. (famoso) Mariah Carey / mi hermana

   Mariah Carey es más famosa que mi hermana.

2. (difícil) estudiar química orgánica / leer una novela

   Estudiar química orgánica es más difícil que leer una novela./Es más difícil estudiar química orgánica que leer una novela.

3. (malo) el tiempo en Boston / el tiempo en Florida

   El tiempo en Boston es peor que el tiempo en Florida./El tiempo es peor en Boston que en Florida.

4. (barato) los restaurantes elegantes / los restaurantes de comida rápida

   Los restaurantes elegantes son menos baratos que los restaurantes de comida rápida.

5. (viejo) mi abuelo / mi sobrino

   Mi abuelo es mayor que mi sobrino.

3 **¿Por qué?** Complete the sentences with the correct comparisons.

> **modelo**
> Darío juega mejor al fútbol que tú.
> Es porque Darío *practica más que tú.*

1. Mi hermano es más gordo que mi padre. Es porque mi hermano come *más que mi padre/más que él* .

2. Natalia conoce más países que tú. Es porque Natalia viaja *más que tú* .

3. Estoy más cansado que David. Es porque duermo *menos que David/menos que él* .

4. Rolando tiene más hambre que yo. Va a comer *más que yo* .

5. Mi vestido favorito es más barato que el tuyo. Voy a pagar *menos que tú* .

6. Julia gana más dinero que Lorna. Es porque Julia trabaja *más que Lorna/más que ella* .

4 **Comparaciones** Form complete sentences using one word from each column. Answers will vary.

la carne	bueno	el aceite
la comida rápida	caro	el almuerzo
el desayuno	malo	las chuletas de cerdo
la fruta	pequeño	la ensalada
la mantequilla	rico	los entremeses
el pollo	sabroso	el pescado

modelo

La carne es más cara que el pescado.

1. _____   4. _____

2. _____   5. _____

3. _____   6. _____

5 **Tan... como** Compare Jorge and Marcos using comparisons of equality and the following words. Be creative in your answers. Answers will vary.

alto	delgado	inteligente
bueno	guapo	joven

modelo

Marcos no es tan inteligente como Jorge.

1. _____   4. _____

2. _____   5. _____

3. _____   6. _____

6 **¿Más o menos?** Read the pairs of sentences. Then write a new sentence comparing the first item to the second one.

modelo

Ese hotel tiene cien habitaciones. El otro hotel tiene cuarenta habitaciones.
Ese hotel tiene más habitaciones que el otro.

1. La biblioteca tiene ciento cincuenta sillas. El laboratorio de lenguas tiene treinta sillas.
   La biblioteca tiene más sillas que el laboratorio de lenguas.

2. Ramón compró tres corbatas. Roberto compró tres corbatas.
   Ramón compró tantas corbatas como Roberto.

3. Yo comí un plato de pasta. Mi hermano comió dos platos de pasta.
   Yo comí menos (pasta) que mi hermano.

4. Anabel durmió ocho horas. Amelia durmió ocho horas.
   Anabel durmió tanto como Amelia./Anabel durmió tantas horas como Amelia.

5. Mi primo toma seis clases. Mi amiga Tere toma ocho clases.
   Mi primo toma menos clases que mi amiga Tere.

8.3 Comparisons

1 **Escoger** You will hear a series of descriptions. Choose the statement that expresses the correct comparison.

1. a. Yo tengo más dinero que Rafael.
   b. Yo tengo menos dinero que Rafael.
2. a. Elena es mayor que Juan.
   b. Elena es menor que Juan.
3. a. Enrique come más hamburguesas que José.
   b. Enrique come tantas hamburguesas como José.
4. a. La comida de la Fonda es mejor que la comida del Café Condesa.
   b. La comida de la Fonda es peor que la comida del Café Condesa.
5. a. Las langostas cuestan tanto como los camarones.
   b. Los camarones cuestan menos que las langostas.

2 **Comparar** Look at each drawing and answer the question you hear with a comparative statement. Repeat the correct response after the speaker.

1. **Ricardo   Sara**   2. **Héctor   Alejandro**

3. **Leonor   Melissa**

3 **Al contrario** You are babysitting Anita, a small child, who starts boasting about herself and her family. Respond to each statement using a comparative of equality. Then repeat the correct answer after the speaker. (*6 items*)

> **modelo**
> Mi mamá es más bonita que tu mamá.
> *Al contrario, mi mamá es tan bonita como tu mamá.*

8.4 Superlatives

1 **El mejor...** Complete each case with the appropriate information. Form complete sentences using the superlatives. Answers will vary. Sample answers:

> **modelo**
>
> el restaurante _____ / bueno / ciudad
> **El restaurante Dalí es el mejor restaurante de la ciudad.**

1. la película _____ / mala / la historia del cine
   La película *Cobardes* es la peor de la historia del cine.

2. la comida _____ / sabrosa / todas
   La comida mexicana es la más sabrosa de todas.

3. mi _____ / joven / mi familia
   Mi sobrino es el más joven de mi familia.

4. el libro _____ / interesante / biblioteca
   El libro *Don Quijote de la Mancha* es el más interesante de la biblioteca.

5. las vacaciones de _____ / buenas / año
   Las vacaciones de verano son las mejores del año.

2 **Facilísimo** Rewrite each sentence, using absolute superlatives.

1. Miguel y Maru están muy cansados. Miguel y Maru están cansadísimos.

2. Felipe es muy joven. Felipe es jovencísimo.

3. Jimena es muy inteligente. Jimena es inteligentísima.

4. La madre de Marissa está muy contenta. La madre de Marissa está contentísima.

5. Estoy muy aburrido. Estoy aburridísimo.

3 **Compárate** Compare yourself with the members of your family and the students in your class. Write at least two complete sentences using comparisons of equality and inequality, superlatives, and absolute superlatives. Answers will vary.

> **modelo**
>
> En mi familia, yo soy más bajo que mi hermano.

_____

_____

_____

> **modelo**
>
> En mi clase, mi amigo Evan es tan inteligente como yo.

_____

_____

_____

Síntesis

Interview a friend or a relative and ask him or her to describe two restaurants where he or she recently ate.

- How was the quality of the food at each restaurant?
- How was the quality of the service at each restaurant?
- How did the prices of the two restaurants compare?
- What did his or her dining companions think about the restaurants?
- How was the ambience different at each restaurant?
- How convenient are the restaurants? Are they centrally located? Are they accessible by public transportation? Do they have parking?

When you are finished with the interview, write up a comparison of the two restaurants based on the information you collected. Use lesson vocabulary and as many different types of comparisons and superlative phrases as possible in your report. Answers will vary.

_____

_____

_____

_____

_____

_____

_____

_____

_____

_____

_____

_____

_____

_____

_____

_____

_____

_____

_____

8.4 Superlatives

1 **Superlativos** You will hear a series of descriptions. Choose the statement that expresses the correct superlative.

1. a. Tus pantalones no son los más grandes de la tienda.
   (b.) Tus pantalones son los más grandes de la tienda.
2. (a.) La camisa blanca es la más bonita del centro comercial.
   b. La camisa blanca no es tan bonita como otras camisas de la tienda.
3. a. Las rebajas del centro comercial son peores que las rebajas de la tienda.
   (b.) En el centro comercial puedes encontrar las mejores rebajas.
4. (a.) El vestido azul es el más caro de la tienda.
   b. El vestido azul es el más barato de la tienda.
5. (a.) Sebastián es el mejor vendedor de la tienda.
   b. Sebastián es el peor vendedor de la tienda.

2 **Preguntas** Answer each question you hear using the absolute superlative. Repeat the correct response after the speaker. (*6 items*)

> **modelo**
> La comida de la cafetería es mala, ¿no?
> Sí, *es malísima.*

3 **Anuncio** Listen to this advertisement. Then read the statements and decide whether they are **cierto** or **falso**.

	Cierto	Falso
1. Ningún almacén de la ciudad es tan grande como El Corte Inglés.	⊘	○
2. La mejor ropa es siempre carísima.	○	⊘
3. Los zapatos de El Corte Inglés son muy elegantes.	⊘	○
4. En El Corte Inglés gastas menos dinero y siempre tienes muy buena calidad.	⊘	○
5. El horario de El Corte Inglés es tan flexible como el horario de otras tiendas del centro.	○	⊘

vocabulario

You will now hear the vocabulary found in your textbook on the last page of this lesson. Listen and repeat each Spanish word or phrase after the speaker.

estructura 8.4

Práctica

2 **Completar** (student text p. 287) Con la información en esta hoja, completa las oraciones en tu libro de texto acerca de (*about*) José, Ana y sus familias con palabras de la lista.

NOMBRE: José Valenzuela Carranza

NACIONALIDAD: venezolano

CARACTERÍSTICAS: 5'6", 34 años, moreno y muy, muy guapo

PROFESIÓN: periodismo; premio (*award*) Mejor Periodista de la Ciudad

FAMILIA: Abuelo (98 años), abuela (89 años), mamá, papá, 7 hermanas
y hermanos mayores y más altos

GUSTOS: trabajar muchísimo en su profesión y leer literatura
ir a muchas fiestas, bailar y cantar
viajar por todo el mundo
jugar al baloncesto con sus hermanos (pero juega demasiado mal)
estar con Fifí, una perra (*dog f.*) refinadísima, pero muy antipática

---

NOMBRE: Ana Orozco Hoffman

NACIONALIDAD: mexicana

CARACTERÍSTICAS: 5'9", 38 años, morena de ojos azules

PROFESIÓN: economía

FAMILIA: Mamá, papá, madrastra, dos medios hermanos,
Jorge de 11 años y Mauricio de 9

GUSTOS: viajar
jugar al baloncesto (#*1* del estado), nadar, bucear y esquiar
hablar alemán
jugar juegos (*games*) electrónicos con sus hermanitos
(No juega mal. Jorge es excelente.)

---

escritura

Estrategia
Expressing and supporting opinions

Written reviews are just one of the many kinds of writing which require you to state your opinions. In order to convince your reader to take your opinions seriously, it is important to support them as thoroughly as possible. Details, facts, examples, and other forms of evidence are necessary. In a restaurant review, for example, it is not enough just to rate the food, service, and atmosphere. Readers will want details about the dishes you ordered, the kind of service you received, and the type of atmosphere you encountered. If you were writing a concert or album review, what kinds of details might your readers expect to find?

It is easier to include details that support your opinions if you plan ahead. Before going to a place or event that you are planning to review, write a list of questions that your readers might ask. Decide which aspects of the experience you are going to rate and list the details that will help you decide upon a rating. You can then organize these lists into a questionnaire and a rating sheet. Bring these forms with you to help you form your opinions and to remind you of the kinds of information you need to gather in order to support these opinions. Later, these forms will help you organize your review into logical categories. They can also provide the details and other evidence you need to convince your readers of your opinions.

Tema
Escribir una crítica

Antes de escribir

1. Vas a escribir una crítica culinaria (*restaurant review*) sobre un restaurante local. Antes de escribirla, tienes que preparar un cuestionario y una hoja de evaluación (*rating sheet*) para formar tus opiniones y para recordar la información que vas a incluir en tu crítica del restaurante.

2. Trabaja con un(a) compañero/a de clase para crear un cuestionario. Pueden usar las siguientes preguntas u otras de su propia invención. Deben incluir las cuatro categorías indicadas.

   ▶ La comida
   ¿Qué tipo de comida es? ¿Qué tipo de ingredientes usan? ¿Es de buena calidad? ¿Cuál es el mejor plato? ¿Y el peor? ¿Quién es el chef?

   ▶ El servicio
   ¿Es necesario esperar mucho por una mesa? ¿Tienen los camareros un buen conocimiento del menú? ¿Atienden a los clientes con rapidez (*speed*) y cortesía?

   ▶ El ambiente (*atmosphere*)
   ¿Cómo es la decoración del restaurante? ¿Es el ambiente informal o elegante? ¿Hay música o algún tipo de entretenimiento (*entertainment*)?

   ▶ Información práctica
   ¿Cómo son los precios? ¿Se aceptan tarjetas de crédito? ¿Cuál es la dirección y el número de teléfono? ¿Quién es el/la dueño/a? ¿El/La gerente?

3. Después de escribir el cuestionario, usen las cuatro categorías y la lista de preguntas para crear una hoja de evaluación. Un restaurante recibe cinco estrellas (*stars*) si es buenísimo; recibe sólo una estrella si es malísimo. Miren este ejemplo de cómo se puede organizar una hoja de evaluación.

4. Después de crear la hoja de evaluación, úsala para evaluar un restaurante que conoces. Si lo conoces muy bien, quizás no es necesario comer allí para completar la hoja de evaluación. Si no lo conoces muy bien, debes comer en el restaurante y usar la hoja de evaluación para comentar tu experiencia. Trata de incluir comparativos y superlativos cuando escribas tus comentarios y opiniones.

Nombre del restaurante:	Número de estrellas:
1. La comida	
Tipo:	
Ingredientes:	
Calidad:	
Mejor plato:	
Peor plato:	
Datos (*Facts*) sobre el/la chef:	

Escribir

Usa la hoja de evaluación que completaste para escribir tu crítica culinaria. Escribe seis párrafos cortos:

1. una introducción para indicar tu opinión general del restaurante y el número de estrellas que recibió
2. una descripción de la comida
3. una descripción del servicio
4. una descripción del ambiente
5. un párrafo para dar información práctica sobre el restaurante
6. una conclusión para recalcar (*to stress*) tu opinión y dar una sugerencia para mejorar el restaurante

Después de escribir

1. Intercambia tu borrador con un(a) compañero/a de clase. Coméntalo y contesta estas preguntas.

   ▶ ¿Escribió tu compañero/a una introducción con una evaluación general del restaurante?
   ▶ ¿Escribió tu compañero/a párrafos sobre la comida, el servicio, el ambiente y uno con información práctica?
   ▶ ¿Escribió tu compañero/a una conclusión con una opinión y una sugerencia para el restaurante?
   ▶ ¿Usó tu compañero/a comparativos y superlativos para describir el restaurante?
   ▶ ¿Qué detalles añadirías (*would you add*)? ¿Qué detalles quitarías (*would you delete*)? ¿Qué otros comentarios tienes para tu compañero/a?

2. Revisa tu narración según los comentarios de tu compañero/a. Después de escribir la versión final, léela otra vez para eliminar errores de:

   ▶ ortografía
   ▶ puntuación
   ▶ uso de letras mayúsculas y minúsculas
   ▶ concordancia entre sustantivos y adjetivos
   ▶ uso de verbos en el presente de indicativo (*present tense*)
   ▶ uso de verbos en el pretérito
   ▶ uso de comparativos y superlativos

La comida latina

Antes de ver el video

1 **Más vocabulario** Look over these useful words before you watch the video.

Vocabulario útil		
el arroz congrí *mixed rice and beans from Cuba*	**el frijol** *bean*	**la rebanada** *slice*
el azafrán *saffron*	**el perejil** *parsley*	**el taco al pastor**
la carne molida *ground beef*	**el picadillo a la habanera** *Cuban-style ground beef*	*Shepherd-style taco*
la carne picada *diced beef*	**el plátano** *banana*	**la torta al pastor** *traditional sandwich from Tijuana*
el cerdo *pork*	**el pollo** *chicken*	**la ropa vieja** *Cuban shredded beef*

2 **¡En español!** Look at the video still. Imagine what Leticia will say about **la comida latina** in Los Angeles, and write a two- or three-sentence introduction to this episode. Answers will vary.

Leticia, Estados Unidos

¡Hola! Soy Leticia Arroyo desde Los Ángeles. Hoy vamos a hablar sobre... _____

_____

_____

_____

_____

_____

_____

Mientras ves el video

3 **Completar** (04:15–04:48) Watch Leticia ask other customers in the restaurant for recommendations and complete this conversation.

LETICIA Señoritas, ¿qué estamos (1)_____comiendo_____ de rico?

CLIENTE 1 Mojito.

LETICIA ¿Y de qué se trata el (2)_____plato_____?

CLIENTE 1 Es pollo con cebolla, arroz blanco, (3)_____frijoles_____ negros y plátanos fritos. Es delicioso.

LETICIA Rico. ¿Y el tuyo?

CLIENTE 2 Yo estoy comiendo (4)_____arroz_____ con pollo, que es arroz amarillo, pollo y plátanos fritos.

LETICIA ¿Y otras cosas en el (5)_____menú_____ que están ricas también?

CLIENTE 2 A mí me (6)_____encanta_____ la ropa vieja.

4   **Ordenar**   Put these events in the correct order.

   _3_ a. Toma un café en el restaurante cubano.

   _4_ b. Leticia habla con el gerente (*manager*) de un supermercado.

   _2_ c. Leticia come picadillo, un plato típico cubano.

   _1_ d. La dueña de una taquería mexicana le muestra a Leticia diferentes platos mexicanos.

   _5_ e. Leticia compra frutas y verduras en un supermercado hispano.

Después de ver el video

5   **Emparejar**   Match these expressions to the appropriate situations.

   _b_ 1. ¿Qué me recomienda?   _c_ 4. ¿Está listo/a para ordenar?

   _e_ 2. ¡Se me hace agua la boca!   _a_ 5. A la orden.

   _d_ 3. ¡Que se repita!

   a. Eres un(a) empleado/a de una tienda. Ayudaste a un(a) cliente/a a hacer una compra. Él/Ella te dice gracias. ¿Qué le respondes?

   b. Estás en un restaurante. Miraste el menú, pero todavía no sabes qué quieres comer. ¿Qué le dices al/a la camarero/a?

   c. El/La camarero/a te dio el menú hace cinco minutos y ahora se acerca para preguntarte si sabes lo que quieres pedir. ¿Qué pregunta te hace?

   d. Terminas de comer y pagas, estás muy contento/a por la comida y el servicio que recibiste. ¿Qué le dices al/a la camarero/a?

   e. Acabas de entrar en un supermercado. Tienes mucha hambre y ves unos postres que te parecen (*seem*) deliciosos. ¿Qué dices?

6   **Un plato típico**   Research one of these typical dishes or drinks from the Hispanic world. Find out about its ingredients, where it is typical, and any other information that you find interesting.

Answers will vary.

ropa vieja	picadillo a la habanera	horchata
Inca Kola	malta Hatuey	mate

_____

_____

_____

_____

_____

_____

panorama

Guatemala

1 **Guatemala** Complete the sentences with the correct words.

1. La _____moneda_____ de Guatemala recibe su nombre de un pájaro que simboliza la libertad.

2. Un _____cuarenta_____ por ciento de la población guatemalteca tiene una lengua materna diferente del español.

3. El _____diseño_____ y los colores de cada *huipil* indican el pueblo de origen de la persona que lo lleva.

4. El _____quetzal_____ es un pájaro en peligro de extinción.

5. La civilización maya inventó un _____calendario_____ complejo y preciso.

6. La ropa tradicional refleja el amor de la cultura maya por la _____naturaleza_____.

2 **Preguntas** Answer the questions with complete sentences. Answers will vary. Suggested answers:

1. ¿Cuál es un cultivo de mucha importancia en la cultura maya? _____

   El maíz es un cultivo de mucha importancia en la cultura maya.

2. ¿Quién es Miguel Ángel Asturias? _____

   Miguel Ángel Asturias es un escritor guatemalteco célebre.

3. ¿Qué países limitan con (*border*) Guatemala? _____

   México, Belice, El Salvador y Honduras limitan con Guatemala.

4. ¿Hasta cuándo fue la Antigua Guatemala una capital importante? ¿Qué pasó? _____

   La Antigua Guatemala fue una capital importante hasta 1773, cuando un terremoto la destruyó.

5. ¿Por qué simbolizó el quetzal la libertad para los mayas? _____

   El quetzal simbolizó la libertad para los mayas porque creían que este pájaro no podía vivir en cautiverio.

6. ¿Qué hace el gobierno para proteger al quetzal? _____

   El gobierno mantiene una reserva ecológica especial para proteger al quetzal.

3 **Fotos de Guatemala** Label each photo.

1. _____el quetzal_____   2. _____el huipil/los huipiles_____

4 **Comparar** Read the sentences about Guatemala. Then rewrite them, using comparisons and superlatives. Do not change the meaning.

> **modelo**
>
> La Ciudad de Guatemala no es una ciudad pequeña.
> *La Ciudad de Guatemala es la más grande del país.*

1. El área de Guatemala no es más grande que la de Tennessee.

   El área de Guatemala es más pequeña que la de Tennessee.

2. Un componente muy interesante de las telas (*fabrics*) de Guatemala es el mosquito.

   Un componente interesantísimo de las telas de Guatemala es el mosquito.

3. Las lenguas mayas no se hablan tanto como el español.

   Las lenguas mayas se hablan menos que el español.

4. Rigoberta Menchú no es mayor que Margarita Carrera.

   Rigoberta Menchú es menor que Margarita Carrera.

5. La celebración de la Semana Santa en la Antigua Guatemala es importantísima para muchas personas.

   La celebración de la Semana Santa en Antigua Guatemala es la más importante (del hemisferio) para muchas personas.

5 **¿Cierto o falso?** Indicate whether the statements about Guatemala are **cierto** or **falso**. Correct the false statements.

1. Rigoberta Menchú ganó el Premio Nobel de la Paz en 1992.

   Cierto.

2. La lengua materna de muchos guatemaltecos es una lengua inca.

   Falso. La lengua materna de muchos guatemaltecos es una lengua maya.

3. La civilización de los mayas no era avanzada.

   Falso. La civilización de los mayas era muy avanzada.

4. Guatemala es un país que tiene costas en dos océanos.

   Cierto.

5. Hay muchísimos quetzales en los bosques de Guatemala.

   Falso. Los quetzales están en peligro de extinción.

6. La civilización maya descubrió y usó el cero antes que los europeos.

   Cierto.

Panorama: Guatemala

Antes de ver el video

1 **Más vocabulario** Look over these useful words and expressions before you watch the video.

Vocabulario útil		
alfombra *carpet*	destruir *to destroy*	ruinas *ruins*
artículos *items*	época colonial *colonial times*	sobrevivir *to survive*
calle *street*	indígenas *indigenous people*	terremoto *earthquake*

2 **Describir** In this video you are going to learn about an open-air market that takes place in Guatemala. In Spanish, describe one open-air market that you have been to or that you know about.

Answers will vary.

mercado: _____

_____

_____

_____

_____

3 **Categorías** Categorize the words listed in the word bank.

bonitas	espectaculares	indígenas	quieres
calles	grandes	mercado	región
colonial	habitantes	monasterios	sentir
conocer	iglesias	mujeres	vieja

Lugares	Personas	Verbos	Adjetivos
calles	habitantes	conocer	bonitas
iglesias	indígenas	quieres	colonial
mercado	mujeres	sentir	espectaculares
monasterios			grandes
región			vieja

Mientras ves el video

4 **Marcar** Check off what you see while watching the video.

_✔_ 1. fuente (*fountain*)   _✔_ 6. niñas sonriendo

_✔_ 2. hombres con vestidos morados   ____ 7. niño dibujando

____ 3. mujer bailando   _✔_ 8. personas hablando

_✔_ 4. mujer llevando bebé en el mercado   _✔_ 9. ruinas

_✔_ 5. mujeres haciendo alfombras de flores   ____ 10. turista mirando el paisaje

Después de ver el video

5 **Completar** Complete the sentences with words from the word bank.

| aire libre | alfombras | atmósfera | fijo | indígenas | regatear |

1. En Semana Santa las mujeres hacen _____alfombras_____ con miles de flores.

2. En Chichicastenango hay un mercado al _____aire libre_____ los jueves y domingos.

3. En el mercado los artículos no tienen un precio _____fijo_____.

4. Los clientes tienen que _____regatear_____ cuando hacen sus compras.

5. En las calles de Antigua, los turistas pueden sentir la _____atmósfera_____ del pasado.

6. Muchos _____indígenas_____ de toda la región van al mercado a vender sus productos.

6 **¿Cierto o falso?** Indicate whether each statement is **cierto** or **falso**. Correct the false statements.

1. Antigua fue la capital de Guatemala hasta 1773.

Cierto

2. Una de las celebraciones más importantes de Antigua es la de la Semana Santa.

Cierto

3. En esta celebración, muchas personas se visten con ropa de color verde.

Falso. En esta celebración muchas personas se visten con ropa de color morado.

4. Antigua es una ciudad completamente moderna. Falso. En Antigua (todavía) hay ruinas de la vieja capital/hay

muchas iglesias y monasterios de arquitectura colonial/se puede sentir la atmósfera del pasado.

5. Chichicastenango es una ciudad mucho más grande que Antigua.

Falso. Chichicastenango es más pequeña que Antigua.

6. El terremoto de 1773 destruyó todas las iglesias y monasterios en Antigua.

Falso. Muchas iglesias y monasterios sobrevivieron al terremoto.

7 **Comparar** Write four sentences comparing the cities Antigua and Chichicastenango. Answers will vary.

_____

_____

_____

_____

Lección 8

Video Activities: *Panorama cultural*

contextos

1 Identificar Label the following terms as **estado civil**, **fiesta**, or **etapa de la vida**.

1. casada _____estado civil_____

2. adolescencia _____etapa de la vida_____

3. viudo _____estado civil_____

4. juventud _____etapa de la vida_____

5. Navidad _____fiesta_____

6. niñez _____etapa de la vida_____

7. vejez _____etapa de la vida_____

8. aniversario de bodas _____fiesta_____

9. divorciado _____estado civil_____

10. madurez _____etapa de la vida_____

11. cumpleaños _____fiesta_____

12. soltera _____estado civil_____

2 Las etapas de la vida Label the stages of life on the timeline.

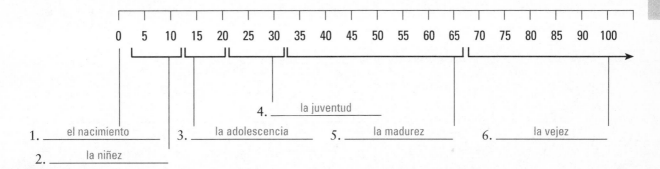

1. _____el nacimiento_____
2. _____la niñez_____
3. _____la adolescencia_____
4. _____la juventud_____
5. _____la madurez_____
6. _____la vejez_____

3 Escribir Fill in the blanks with the stage of life in which these events would normally occur.

1. jubilarse _____la vejez/la madurez_____

2. graduarse de la universidad _____la juventud_____

3. cumplir nueve años _____la niñez_____

4. conseguir el primer trabajo _____la juventud_____

5. graduarse de la escuela secundaria _____la adolescencia_____

6. morir o quedar viudo _____la vejez_____

7. casarse (por primera vez) _____la juventud_____

8. tener un hijo _____la juventud_____

9. celebrar el aniversario de bodas número cincuenta _____la vejez_____

10. tener la primera cita _____la adolescencia_____

Lección 9 Contextos Activities

4 **Información personal** Read the descriptions and answer the questions.

"Me llamo Jorge Rosas. Nací el 26 de enero de 1952. Mi esposa murió el año pasado. Tengo dos hijos: Marina y Daniel. Terminé mis estudios de sociología en la Universidad Interamericana en 1974. Me voy a jubilar este año. Voy a celebrar este evento con una botella de champán".

1. ¿Cuál es la fecha de nacimiento de Jorge? el 26 de enero de 1952

2. ¿Cuál es el estado civil de Jorge? viudo

3. ¿En qué etapa de la vida está Jorge? en la madurez

4. ¿Cuándo es el cumpleaños de Jorge? el 26 de enero

5. ¿Cuándo se graduó Jorge? en 1974

6. ¿Cómo va a celebrar la jubilación (*retirement*) Jorge? con una botella de champán

"Soy Julia Jiménez. Nací el 11 de marzo de 1982. Me comprometí a los veinte años, pero rompí con mi novio antes de casarme. Ahora estoy saliendo con un músico cubano. Soy historiadora del arte desde que terminé mi carrera (*degree*) en la Universidad de Salamanca en 2004. Mi postre favorito es el flan de caramelo".

7. ¿Cuál es la fecha de nacimiento de Julia? el 11 de marzo de 1982

8. ¿Cuál es el estado civil de Julia? soltera

9. ¿En qué etapa de la vida está Julia? en la juventud

10. ¿Cuándo es el cumpleaños de Julia? el 11 de marzo

11. ¿Cuándo se graduó Julia? en 2004

12. ¿Qué postre le gusta a Julia? el flan de caramelo

"Me llamo Manuel Blanco y vivo en Caracas. Mi esposa y yo nos comprometimos a los veintiséis años, y la boda fue dos años después. Pasaron quince años y tuvimos tres hijos. Me gustan mucho los dulces".

13. ¿Dónde vive Manuel? en Caracas

14. ¿En qué etapa de la vida se comprometió Manuel? en la juventud

15. ¿A qué edad se casó Manuel? a los veintiocho años

16. ¿Cuál es el estado civil de Manuel? casado

17. ¿Cuántos hijos tiene Manuel? tres

18. ¿Qué postre le gusta a Manuel? los dulces

contextos

1 **¿Lógico o ilógico?** You will hear some statements. Decide if they are **lógico** or **ilógico**.

1. Lógico   (Ilógico)   5. Lógico   (Ilógico)
2. (Lógico) Ilógico   6. (Lógico) Ilógico
3. (Lógico) Ilógico   7. (Lógico) Ilógico
4. Lógico   (Ilógico)   8. Lógico   (Ilógico)

2 **Escoger** For each drawing, you will hear three statements. Choose the one that corresponds to the drawing.

1. a.   b.   (c.)

2. a.   (b.)   c.

3. (a.)   b.   c.

4. a.   b.   (c.)

3 **Una celebración** Listen as señora Jiménez talks about a party she has planned. Then answer the questions.

1. ¿Para quién es la fiesta?

   La fiesta es para Martín, su hijo.

2. ¿Cuándo es la fiesta?

   La fiesta es el viernes a las ocho y media.

3. ¿Por qué hacen la fiesta?

   Porque él/Martín/su hijo se gradúa.

4. ¿Quiénes van a la fiesta?

   La familia y los amigos (de la universidad) de Martín van a la fiesta.

5. ¿Qué van a hacer los invitados en la fiesta?

   Los invitados van a cenar, a bailar y a comer pastel.

contextos

Comunicación

8

Encuesta (student text p. 303) Haz las preguntas de la hoja a dos o tres compañeros/as de clase para saber qué actitudes tienen en sus relaciones personales. Luego comparte los resultados de la encuesta (*survey*) con la clase y comenta tus conclusiones.

Preguntas	Nombres	Actitudes
1. ¿Te importa la amistad? ¿Por qué?		
2. ¿Es mejor tener un(a) buen(a) amigo/a o muchos/as amigos/as?		
3. ¿Cuáles son las características que buscas en tus amigos/as?		
4. ¿A qué edad es posible enamorarse?		
5. ¿Deben las parejas hacer todo juntos? ¿Deben tener las mismas opiniones? ¿Por qué?		

El Día de Muertos

Antes de ver el video

1   **La celebración**   In this episode, the Díaz family celebrates the Day of the Dead. What kind of things do you expect to see?   Answers will vary.

_____

_____

_____

_____

_____

_____

_____

Mientras ves el video

2   **Ordenar**   Put the following events in order.

  _3_ a. La tía Ana María le dice a Marissa cómo se enamoraron sus papás.

  _5_ b. El señor Díaz brinda por los abuelos de la familia.

  _2_ c. Marissa prueba el mole que prepara la tía Ana María.

  _1_ d. Maite Fuentes habla del Día de Muertos en la televisión.

  _4_ e. Jimena pregunta dónde puso las galletas y el pastel.

3   **¿Qué ves?**   Place a check mark beside each thing you see.

____ 1. una botella de vino	✔ 5. calaveras de azúcar	____ 9. un regalo de Navidad
✔ 2. una foto de boda	____ 6. una fiesta de quinceañera	____ 10. helados
____ 3. una graduación	✔ 7. galletas	✔ 11. un altar
✔ 4. flores	✔ 8. bolsas	____ 12. un flan

4   **¿Quién lo dijo?**   Write a name next to each sentence to indicate who says it.

_____Marissa_____	1. Su familia es muy interesante.
_____Maite Fuentes_____	2. El Día de Muertos se celebra en México el primero y el dos de noviembre.
_____don Diego_____	3. ¡Estoy seguro que se lo van a pasar bien!
_____tía Ana María_____	4. Al principio, mi abuela no quiso aceptar el matrimonio.

Después de ver el video

5 **Corregir** Rewrite these sentences to reflect what took place.

1. El Día de Muertos se celebra con flores, calaveras de azúcar, música y champán.

   El Día de Muertos se celebra con flores, calaveras de azúcar, música y comida.
   _____

2. El mole siempre fue el plato favorito de la mamá de la tía Ana María.

   El mole siempre fue el plato favorito del papá de la tía Ana María.
   _____

3. Jimena intentó preparar mole para la fiesta de aniversario de sus tíos.

   Jimena intentó preparar mole para la fiesta de aniversario de sus papás.
   _____

4. La tía Ana María se casó con un ingeniero que trabaja muchísimo.

   La tía Ana María se casó con un doctor que trabaja muchísimo.
   _____

5. Felipe y su papá prepararon pastel de chocolate para la familia.

   Felipe y su papá prepararon una sorpresa para la familia.
   _____

6. A Valentina le gusta el helado.

   A Valentina le gustan las galletas.
   _____

6 **Eventos importantes** Describe in Spanish the three most important events in this episode and explain your choices.   Answers will vary.

_____

_____

_____

_____

_____

_____

_____

7 **Preguntas personales** Answer these questions in Spanish.   Answers will vary.

1. ¿Qué días de fiesta celebras con tu familia? _____

   _____

2. De los días de fiesta, ¿cuál es tu favorito? ¿Por qué? _____

   _____

3. ¿Qué haces el Día de Acción de Gracias? _____

   _____

4. ¿Cómo celebras tu cumpleaños? ¿Te gusta recibir regalos? _____

   _____

Lección 9

Video Activities: *Fotonovela*

132   **Lección 9 Fotonovela** Video Activities

pronunciación

Lección 9

The letters **h**, **j**, and **g**

The Spanish **h** is always silent.

| **h**elado | **h**ombre | **h**ola | **h**ermosa |

The letter **j** is pronounced much like the English *h* in *his*.

| **J**osé | **j**ubilarse | de**j**ar | pare**j**a |

The letter **g** can be pronounced three different ways. Before **e** or **i**, the letter **g** is pronounced much like the English *h*.

| a**g**encia | **g**eneral | **G**il | **G**isela |

At the beginning of a phrase or after the letter **n**, the Spanish **g** is pronounced like the English *g* in *girl*.

Gustavo, **g**racias por llamar el domin**g**o.

In any other position, the Spanish **g** has a somewhat softer sound.

Me **g**radué en a**g**osto.

In the combinations **gue** and **gui**, the **g** has a hard sound and the **u** is silent. In the combination **gua**, the **g** has a hard sound and the **u** is pronounced like the English *w*.

| **gue**rra | conse**gui**r | **gua**ntes | a**gua** |

1   Práctica Repeat each word after the speaker to practice pronouncing **h**, **j**, and **g**.

1. hamburguesa	4. guapa	7. espejo	10. gracias	13. Jorge
2. jugar	5. geografía	8. hago	11. hijo	14. tengo
3. oreja	6. magnífico	9. seguir	12. galleta	15. ahora

2   Oraciones When you hear the number, read the corresponding sentence aloud. Then listen to the speaker and repeat the sentence.

1. Hola. Me llamo Gustavo Hinojosa Lugones y vivo en Santiago de Chile.
2. Tengo una familia grande; somos tres hermanos y tres hermanas.
3. Voy a graduarme en mayo.
4. Para celebrar mi graduación, mis padres van a regalarme un viaje a Egipto.
5. ¡Qué generosos son!

3   Refranes Repeat each saying after the speaker to practice pronouncing **h**, **j**, and **g**.

1. A la larga, lo más dulce amarga.   2. El hábito no hace al monje.

4   Dictado Victoria is talking to her friend Mirta on the phone. Listen carefully and during the pauses write what she says. The entire passage will then be repeated so that you can check your work.

Mirta, sabes que el domingo es el aniversario de bodas de Héctor y Ángela, ¿no? Sus hijos quieren hacerles una

fiesta grande e invitar a todos sus amigos. Pero a Ángela y a Héctor no les gusta la idea. Ellos quieren salir juntos a

algún restaurante y después relajarse en casa.

Lección 9 · Audio Activities

estructura

9.1 Irregular preterites

1 **¿Hay o hubo?** Complete these sentences with the correct tense of **haber**.

1. Ahora _____ hay _____ una fiesta de graduación en el patio de la escuela.

2. _____ Hubo _____ muchos invitados en la fiesta de aniversario anoche.

3. Ya _____ hubo _____ una muerte en su familia el año pasado.

4. Siempre _____ hay _____ galletas y dulces en las fiestas de cumpleaños.

5. _____ Hubo _____ varios entremeses en la cena de ayer.

6. Por las mañanas _____ hay _____ unos postres deliciosos en esa tienda.

2 **¿Cómo fue?** Complete these sentences with the preterite of the verb in parentheses.

1. Cristina y Lara _____ estuvieron _____ (estar) en la fiesta anoche.

2. (yo) _____ Tuve _____ (tener) un problema con mi pasaporte y lo pasé mal en la aduana.

3. Rafaela _____ vino _____ (venir) temprano a la fiesta y conoció a Humberto.

4. El padre de la novia _____ hizo _____ (hacer) un brindis por los novios.

5. Román _____ puso _____ (poner) las maletas en el auto antes de salir.

3 **¿Qué hicieron?** Complete these sentences, using the preterite of **decir**, **conducir**, **traducir**, and **traer**.

1. Felipe y Silvia _____ dijeron _____ que no les gusta ir a la playa.

2. Claudia le _____ tradujo _____ unos papeles al inglés a su hermano.

3. David _____ condujo _____ su motocicleta nueva durante el fin de semana.

4. Rosario y Pepe me _____ trajeron _____ un pastel de chocolate de regalo.

5. Cristina y yo les _____ dijimos _____ a nuestras amigas que vamos a bailar.

4 **Es mejor dar...** Rewrite these sentences in the preterite tense.

1. Antonio le da un beso a su madre.
Antonio le dío un beso a su madre.

2. Los invitados le dan las gracias a la familia.
Los invitados le dieron las gracias a la familia.

3. Tú les traes una sorpresa a tus padres.
Tú les trajiste una sorpresa a tus padres.

4. Rosa y yo le damos un regalo al profesor.
Rosa y yo le dimos un regalo al profesor.

5. Carla nos trae mucha comida para el viaje.
Carla nos trajo mucha comida para el viaje.

5 **Combinar** Create logical sentences in the preterite using one element from each column. Notice that, using each word once, there is only one correct match between second and third columns.

Answers will vary. Suggested answers:

Rita y Sara	decir	una cámara
ellos	estar	a este lugar
tú	hacer	un examen
mi tía	poner	galletas
ustedes	producir	una película
Rosa	tener	en Perú
nosotras	traer	la televisión
yo	venir	la verdad

1. Rosa hizo galletas. _____

2. Mi tía estuvo en Perú. _____

3. Yo vine a este lugar. _____

4. Rita y Sara dijeron la verdad. _____

5. Ustedes pusieron la televisión. _____

6. Ellos produjeron una película. _____

7. Nosotras trajimos una cámara. _____

8. Tú tuviste un examen. _____

6 **Ya lo hizo** Your friend Miguel is very forgetful. Answer his questions negatively, indicating that the action has already occurred. Use the phrases or words in parentheses.

> **modelo**
> ¿Quiere Pepe cenar en el restaurante japonés? (restaurante chino)
> **No, Pepe ya cenó en el restaurante chino.**

1. ¿Vas a estar en la biblioteca hoy? (ayer)

   No, ya estuve en la biblioteca ayer.

2. ¿Quieren dar una fiesta Elena y Sergio este fin de semana? (el sábado pasado)

   No, Elena y Sergio ya dieron una fiesta el sábado pasado.

3. ¿Debe la profesora traducir esa novela este semestre? (el año pasado)

   No, la profesora ya tradujo esa novela el año pasado.

4. ¿Va a haber pastel de limón en la cena de hoy? (anoche)

   No, ya hubo pastel de limón (en la cena de) anoche.

5. ¿Deseas poner los abrigos en la silla? (sobre la cama)

   No, ya puse los abrigos sobre la cama.

6. ¿Van ustedes a tener un hijo? (tres hijos)

   No, ya tuvimos/tenemos tres hijos.

Lección 9

Nombre ______________________ Fecha ______________________

estructura

9.1 Irregular preterites

1

Escoger Listen to each question and choose the most logical response.

1. (a.) No, no conduje hoy. — b. No, no condujo hoy.
2. a. Te dije que tengo una cita con Gabriela esta noche. — (b.) Me dijo que tiene una cita con Gabriela esta noche.
3. (a.) Estuvimos en la casa de Marta. — b. Estuvieron en la casa de Marta.
4. (a.) Porque tuvo que estudiar. — b. Porque tiene que estudiar.
5. a. Lo supiste la semana pasada. — (b.) Lo supimos la semana pasada.
6. (a.) Los pusimos en la mesa. — b. Los pusiste en la mesa.
7. a. No, sólo tradujimos un poco. — (b.) No, sólo traduje un poco.
8. (a.) Sí, le di $20. — b. Sí, le dio $20.

2

Cambiar Change each sentence from the present to the preterite. Repeat the correct answer after the speaker. (*8 items*)

modelo

Él pone el flan sobre la mesa.
Él puso el flan sobre la mesa.

3

Preguntas Answer each question you hear using the cue. Substitute object pronouns for the direct object when possible. Repeat the correct answer after the speaker.

modelo

You hear: ¿Quién condujo el auto?
You see: yo
You say: **Yo lo conduje.**

1. Gerardo
2. Mateo y Yolanda
3. nosotros
4. muy buena
5. ¡Felicitaciones!
6. mi papá

4

Completar Listen to the dialogue and write the missing words.

(1) Supe por un amigo que los Márquez (2) vinieron a visitar a su hija. Me (3) dijo que (4) condujeron desde Antofagasta y que se (5) quedaron en el Hotel Carrera. Les (6) hice una llamada (*call*) anoche, pero no (7) contestaron el teléfono. Sólo (8) pude dejarles un mensaje. Hoy ellos me (9) llamaron y me (10) preguntaron si mi esposa y yo teníamos tiempo para almorzar con ellos. Claro que les (11) dije que sí.

estructura 9.1

Comunicación

4 **Encuesta** (student text p. 313) Para cada una de las actividades de la lista, encuentra a alguien que hizo esa actividad en el tiempo indicado.

> **modelo**
> traer dulces a clase
> **Estudiante 1:** ¿Trajiste dulces a clase?
> **Estudiante 2:** Sí, traje galletas y helado a la fiesta del fin del semestre.

Actividades	Nombres	Nombres
1. ponerse un disfraz (*costume*) de Halloween		
2. traer dulces a clase		
3. llegar a la escuela en auto		
4. estar en la biblioteca ayer		
5. dar un regalo a alguien ayer		
6. poder levantarse temprano esta mañana		
7. hacer un viaje a un país hispano en el verano		
8. ver una película anoche		
9. ir a una fiesta el fin de semana pasado		
10. tener que estudiar el sábado pasado		

9.2 Verbs that change meaning in the preterite

1 **Completar** Complete these sentences with the preterite tense of the verbs in parentheses.

1. Liliana no _____pudo_____ (poder) llegar a la fiesta de cumpleaños de Esteban.

2. Las chicas _____conocieron_____ (conocer) a muchos estudiantes en la biblioteca.

3. Raúl y Marta no _____quisieron_____ (querer) invitar al padre de Raúl a la boda.

4. Lina _____supo_____ (saber) ayer que sus tíos se van a divorciar.

5. (nosotros) _____Pudimos_____ (poder) regalarle una bicicleta a Marina.

6. María _____quiso_____ (querer) romper con su novio antes del verano.

2 **Traducir** Use these verbs to translate the sentences into Spanish.

> conocer   querer
> poder   saber

1. I failed to finish the book on Wednesday.

No pude terminar el libro el miércoles.

2. Inés found out last week that Vicente is divorced.

Inés supo la semana pasada que Vicente es/está divorciado.

3. Her girlfriends tried to call her, but they failed to.

Sus amigas quisieron llamarla (por teléfono), pero no pudieron.

4. Susana met Alberto's parents last night.

Susana conoció a los padres de Alberto anoche.

5. The waiters managed to serve dinner at eight.

Los camareros pudieron servir la cena a las ocho.

6. Your mother refused to go to your brother's house.

Tu madre no quiso ir a la casa de tu hermano.

3 **Raquel y Ronaldo** Complete the paragraph with the preterite of the verbs in the word bank.

> conocer   querer
> poder   saber

El año pasado Raquel (1) _____conoció_____ al muchacho que ahora es su esposo, Ronaldo.

Primero, Raquel no (2) _____quiso_____ salir con él porque él vivía (*was living*) en una ciudad

muy lejos de ella. Ronaldo (3) _____quiso_____ convencerla durante muchos meses, pero no

(4) _____pudo_____ hacerlo. Finalmente, Raquel decidió darle una oportunidad a Ronaldo.

Cuando empezaron a salir, Raquel y Ronaldo (5) _____supieron_____ inmediatamente que eran el

uno para el otro (*they were made for each other*). Raquel y Ronaldo (6) _____pudieron_____ comprar

una casa en la misma ciudad y se casaron ese verano.

9.2 Verbs that change meaning in the preterite

1 **Identificar** Listen to each sentence and mark an **X** in the column for the subject of the verb.

> **modelo**
> *You hear:* ¿Cuándo lo supiste?
> *You mark:* an **X** under **tú.**

	yo	tú	él/ella	nosotros/as	ellos/ellas
Modelo		**X**			
1.				X	
2.			X		
3.	X				
4.		X			
5.					X
6.	X				
7.					X
8.			X		

2 **Preguntas** Answer each question you hear using the cue. Substitute object pronouns for the direct object when possible. Repeat the correct response after the speaker.

> **modelo**
> *You hear:* ¿Conocieron ellos a Sandra?
> *You see:* sí
> *You say:* Sí, la conocieron.

1. sí   2. en la casa de Ángela   3. el viernes   4. no   5. no   6. anoche

3 **¡Qué lástima! (What a shame!)** Listen as José talks about some news he recently received. Then read the statements and decide whether they are **cierto** or **falso**.

	Cierto	Falso
1. Supieron de la muerte ayer.	○	◙
2. Se sonrieron cuando oyeron las noticias (*news*).	○	◙
3. Carolina no se pudo comunicar con la familia.	◙	○
4. Francisco era (*was*) joven.	◙	○
5. Mañana piensan llamar a la familia de Francisco.	○	◙

4 **Relaciones amorosas** Listen as Susana describes what happened between her and Pedro. Then answer the questions.

1. ¿Por qué no pudo salir Susana con Pedro? (No pudo salir con Pedro) Porque pasó toda la noche estudiando.

2. ¿Qué supo por su amiga? Supo que Pedro salió/fue al cine con Mónica esa noche.

3. ¿Cómo se puso Susana cuando Pedro llamó? Se puso muy enojada./Se enojó mucho.

4. ¿Qué le dijo Susana a Pedro? Le dijo que supo que el domingo él salió con Mónica.

9.3 ¿Qué? and ¿cuál?

1 **¿Qué o cuál?** Complete these sentences with **qué**, **cuál**, or **cuáles**.

1. ¿_Qué_ _____ estás haciendo ahora?

2. ¿_Qué_ _____ gafas te gustan más?

3. ¿_Cuál_ _____ prefieres, el vestido largo o el corto?

4. ¿Sabes _cuál_ _____ de éstos es mi disco favorito?

5. ¿_Qué_ _____ es un departamento de hacienda?

6. ¿_Cuáles_ _____ trajiste, las de chocolate o las de limón?

7. ¿_Qué_ _____ auto compraste este año?

8. ¿_Cuál_ _____ es la tienda más elegante del centro?

2 **¿Cuál es la pregunta?** Write questions that correspond to these responses. Use each word or phrase from the word bank only once.

¿a qué hora?	¿cuál?	¿cuándo?	¿de dónde?	¿qué?
¿adónde?	¿cuáles?	¿cuántos?	¿dónde?	¿quién?

1. _¿Cuál es la camisa que más te gusta?_ _____

   La camisa que más me gusta es ésa.

2. _¿Qué quieres hacer hoy?_ _____

   Hoy quiero descansar durante el día.

3. _¿Quién es tu profesora de matemáticas?_ _____

   Mi profesora de matemáticas es la señora Aponte.

4. _¿De dónde eres?/¿De dónde es usted?_ _____

   Soy de Buenos Aires, Argentina.

5. _¿Cuáles son tus gafas favoritas?_ _____

   Mis gafas favoritas son las azules.

6. _¿Dónde está el pastel de cumpleaños?_ _____

   El pastel de cumpleaños está en el refrigerador.

7. _¿A qué hora empieza la fiesta sorpresa?_ _____

   La fiesta sorpresa empieza a las ocho en punto de la noche.

8. _¿Cuándo cierra el restaurante?_ _____

   El restaurante cierra los lunes.

9. _¿Cuántos invitados hay en la lista?_ _____

   Hay ciento cincuenta invitados en la lista.

10. _¿Adónde van ustedes?_ _____

    Vamos a la fiesta de cumpleaños de Inés.

Lección 9

9.3 ¿Qué? and ¿cuál?

1 **¿Lógico o ilógico?** You will hear some questions and the responses. Decide if they are **lógico** or **ilógico**.

1. Lógico (Ilógico)   5. Lógico (Ilógico)
2. (Lógico) Ilógico   6. Lógico (Ilógico)
3. Lógico (Ilógico)   7. (Lógico) Ilógico
4. (Lógico) Ilógico   8. (Lógico) Ilógico

2 **Preguntas** You will hear a series of responses to questions. Using **¿qué?** or **¿cuál?**, form the question that prompted each response. Repeat the correct answer after the speaker. (*8 items*)

> **modelo**
> Santiago de Chile es la capital de Chile.
> *¿Cuál es la capital de Chile?*

3 **De compras** Look at Marcela's shopping list for Christmas and answer each question you hear. Repeat the correct response after the speaker. (*6 items*)

Raúl	2 camisas, talla 17
Cristina	blusa, color azul
Pepe	bluejeans y tres pares de calcetines blancos
Abuelo	cinturón
Abuela	suéter blanco

4 **Escoger** Listen to this radio commercial and choose the most logical response to each question.

1. ¿Qué hace Fiestas Mar?

   (a.) Organiza fiestas.   b. Es una tienda que vende cosas para fiestas.   c. Es un club en el mar.

2. ¿Para qué tipo de fiesta no usaría Fiestas Mar?

   a. Para una boda.   b. Para una fiesta de sorpresa.   (c.) Para una cena con los suegros.

3. ¿Cuál de estos servicios no ofrece Fiestas Mar?

   a. Poner las decoraciones.   b. Proveer (*Provide*) el lugar.   (c.) Proveer los regalos.

4. ¿Qué tiene que hacer el cliente si usa los servicios de Fiestas Mar?

   (a.) Tiene que preocuparse por la lista de invitados.   b. Tiene que preocuparse por la música.

   c. Tiene que preparar la comida.

5. Si uno quiere contactar Fiestas Mar, ¿qué debe hacer?

   a. Debe escribirles un mensaje electrónico.   (b.) Debe llamarlos.   c. Debe ir a Casa Mar.

estructura 9.3

Estudiante 1

3 **Quinceañera** (student text p. 317) Trabaja con un(a) compañero/a. Tu compañero/a es el/la director(a) del salón de fiestas "Renacimiento". Tú eres el padre/la madre de Sandra, y quieres hacer la fiesta de quince años de tu hija gastando menos de $25 por invitado/a. Aquí tienes la mitad (*half*) de la información necesaria para confirmar la reservación; tu compañero/a tiene la otra mitad.

modelo

Estudiante 1: ¿Cuánto cuestan los entremeses?
Estudiante 2: Depende. Puede escoger champiñones por 50 centavos o camarones por dos dólares.
Estudiante 1: ¡Uf! A mi hija le gustan los camarones, pero son muy caros.
Estudiante 2: Bueno, también puede escoger quesos por un dólar por invitado.

Número de invitados: 200
Comidas: queremos una variedad de comida para los vegetarianos y los no vegetarianos
Presupuesto (budget): máximo $25 por invitado
Otras preferencias: ¿posible traer mariachis?

	Opción 1	Opción 2
Entremeses		
Primer plato (*opcional*)		
Segundo plato (*opcional*)		
Carnes y pescados		
Verduras		
Postres		
Bebidas		
Total $		

estructura 9.3

Estudiante 2

3 **Quinceañera** (student text p. 317) Trabaja con un(a) compañero/a. Tú eres el/la director(a) del salón de fiestas "Renacimiento". Tu compañero/a es el padre/la madre de Sandra, quien quiere hacer la fiesta de quince años de su hija gastando menos de $25 por invitado/a. Aquí tienes la mitad (*half*) de la información necesaria para confirmar la reservación; tu compañero/a tiene la otra mitad.

> **modelo**
>
> **Estudiante 1:** ¿Cuánto cuestan los entremeses?
> **Estudiante 2:** Depende. Puede escoger champiñones por 50 centavos o camarones por dos dólares.
> **Estudiante 1:** ¡Uf! A mi hija le gustan los camarones, pero son muy caros.
> **Estudiante 2:** Bueno, también puede escoger quesos por un dólar por invitado.

Salón de fiestas "Renacimiento"

Número de invitados: _____

Otras preferencias: _____

Presupuesto: $ _____ por invitado

Menú

Entremeses	Champiñones: $0,50 por invitado	Camarones: $2 por invitado	Quesos: $1 por invitado	Verduras frescas: $0,50 por invitado
Primer plato	Sopa de cebolla: $1 por invitado	Sopa del día: $1 por invitado	Sopa de verduras: $1 por invitado	
Segundo plato	Ensalada mixta: $2 por invitado	Ensalada César: $3 por invitado		
Carnes y pescados	Bistec: $10 por invitado	Langosta: $15 por invitado	Pollo asado: $7 por invitado	Salmón: $12 por invitado
Verduras	Maíz, arvejas: $1 por invitado	Papa asada, papas fritas: $1 por invitado	Arroz: $0,50 por invitado	Zanahorias, espárragos: $1,50 por invitado
Postres	Pastel: $2 por invitado	Flan: $1 por invitado	Helado: $0,50 por invitado	Frutas frescas, pasteles y galletas: $2 por invitado
Bebidas	Champán: $3 por invitado	Vinos, cerveza: $4 por invitado	Café, té: $0,50 por invitado	Refrescos: $1 por invitado

Precio total $ _____

Communication Activities · **Lección 9**

9.4 Pronouns after prepositions

1 **Antes de la fiesta** Choose and write the correct pronouns to complete the paragraph.

Hoy voy al mercado al aire libre cerca de mi casa con mi tía Carmen. Me gusta ir con

(1) _____ella_____ (usted, ella) porque sabe escoger las mejores frutas y verduras del mercado.

Y a ella le gusta ir (2) _____conmigo_____ (contigo, conmigo) porque sé regatear mejor que nadie.

—Entre (3) _____tú_____ (tú, ellas) y yo, debes saber que a (4) _____mí_____ (ella, mí) no me

gusta gastar mucho dinero. Me gusta venir (5) _____contigo_____ (con usted, contigo) porque me ayudas a

ahorrar (*save*) dinero —me confesó un día en el mercado. Hoy la vienen a visitar sus hijos porque es su

cumpleaños, y ella quiere hacer una ensalada de frutas para (6) _____ellos_____ (ellos, nosotros).

—Estas peras son para (7) _____ti_____ (mí, ti), por venir conmigo al mercado. También me

llevo unos hermosos melocotones para el novio de Verónica, que viene con (8) _____ella_____

(ella, nosotras). Siempre compro frutas para (9) _____él_____ (mí, él) porque le encantan y no

consigue muchas frutas en el lugar donde vive —dice mi tía.

—¿Voy a conocer al novio de Verónica?

—Sí, ¡queremos invitarte a (10) _____ti_____ (ti, él) a la fiesta de cumpleaños!

2 **El pastel de Carlota** Some friends are having Carlota's birthday cake. Complete the conversation with the correct pronouns.

SR. MARTÍNEZ Chicos, voy a buscar a mi esposa, en un momento estoy con

(1) _____ustedes_____.

TOMÁS Sí, señor Martínez, no se preocupe por (2) _____nosotros_____.

YOLANDA ¡Qué rico está el pastel! A (3) _____mí_____ me encantan los pasteles.

Tomás, ¿quieres compartir un pedazo (*slice*) (4) _____conmigo_____?

TOMÁS ¡Claro! Para (5) _____mí_____, el chocolate es lo más delicioso.

CARLOTA Pero no se lo terminen... Víctor, quiero compartir el último (*last*) pedazo

(6) _____contigo_____.

VÍCTOR Mmmh, está bien; sólo por (7) _____ti_____ hago este sacrificio.

CARLOTA Toma, Víctor, este pedazo es especial para (8) _____ti_____.

TOMÁS ¡Oh, no! Mira, Yolanda, ¡hay más miel (*honey*) en (9) _____ellos/él_____

que en cien pasteles!

Síntesis

Research the life of a famous person who has had a stormy personal life, such as Elizabeth Taylor or Henry VIII. Write a brief biography of the person, including the following information: Answers will vary.

- When was the person born?
- What was that person's childhood like?
- With whom did the person fall in love?
- Whom did the person marry?
- Did he or she have children?

- Did the person get divorced?
- Did the person go to school, and did he or she graduate?
- How did his or her career or lifestyle vary as the person went through different stages in life?

Use lesson vocabulary, irregular preterites, and verbs that change meaning in the preterite in your biography.

_____

_____

_____

_____

_____

_____

_____

_____

_____

_____

_____

_____

_____

_____

_____

_____

_____

Lección 9

9.4 Pronouns after prepositions

1 **Cambiar** Listen to each statement and say that the feeling is not mutual. Use a pronoun after the preposition in your response. Then repeat the correct answer after the speaker. (6 *items*)

> **modelo**
> Carlos quiere desayunar con nosotros.
> *Pero nosotros no queremos desayunar con él.*

2 **Preguntas** Answer each question you hear using the appropriate pronoun after the preposition and the cue. Repeat the correct response after the speaker.

> **modelo**
> *You hear:* ¿Almuerzas con Alberto hoy?
> *You see:* No
> *You say:* No, no almuerzo con él hoy.

1. Sí
2. Luis
3. Sí
4. Sí
5. No
6. Francisco

3 **Preparativos (Preparations)** Listen to this conversation between David and Andrés. Then answer the questions.

1. ¿Qué necesitan comprar para la fiesta?

   Necesitan comprar jamón, pan, salchicha y queso.

2. ¿Con quién quiere Alfredo ir a la fiesta?

   Alfredo quiere ir a la fiesta con Sara.

3. ¿Por qué ella no quiere ir con él?

   Ella no quiere ir con él porque está muy enojada.

4. ¿Con quién va Sara a la fiesta?

   Sara va con Andrés.

5. ¿Para quién quieren comprar algo especial?

   Quieren comprar algo especial para Alfredo.

vocabulario

You will now hear the vocabulary found in your textbook on the last page of this lesson. Listen and repeat each Spanish word or phrase after the speaker.

Lección 9 (side tab)

Audio Activities (side tab)

estructura 9.4

Estudiante 1

2 **Compartir** (student text p. 319) En parejas, hagan preguntas para saber dónde está cada una de las personas en el dibujo. Ustedes tienen dos versiones diferentes de la ilustración. Al final deben saber dónde está cada persona.

> **modelo**
> **Estudiante 1:** ¿Quién está al lado de Óscar?
> **Estudiante 2:** Alfredo está al lado de él.

Alfredo	Dolores	Graciela	Raúl
Sra. Blanco	Enrique	Leonor	Rubén
Carlos	Sra. Gómez	Óscar	Yolanda

Vocabulario útil

a la derecha de	delante de
a la izquierda de	detrás de
al lado de	en medio de

estructura 9.4

Estudiante 2

2 **Compartir** (student text p. 319) En parejas, hagan preguntas para saber dónde está cada una de las personas en el dibujo. Ustedes tienen dos versiones diferentes de la ilustración. Al final deben saber dónde está cada persona.

> **modelo**
>
> **Estudiante 1:** ¿Quién está al lado de Óscar?
> **Estudiante 2:** Alfredo está al lado de él.

Alfredo	Dolores	Graciela	Raúl
Sra. Blanco	Enrique	Leonor	Rubén
Carlos	Sra. Gómez	Óscar	Yolanda

Vocabulario útil

a la derecha de	delante de
a la izquierda de	detrás de
al lado de	en medio de

Tú estás aquí.

Alfredo   Yolanda

Dolores   Carlos   Sra. Blanco

X

Leonor

escritura

Estrategia
Planning and writing a comparative analysis

Writing any kind of comparative analysis requires careful planning. Venn diagrams are useful for organizing your ideas visually before comparing and contrasting people, places, objects, events, or issues. To create a Venn diagram, draw two circles that overlap one another and label the top of each circle. List the differences between the two elements in the outer rings of the two circles, then list their similarities where the two circles overlap. Review this example.

Diferencias y similitudes

El aniversario de los Sres. González

La ceremonia de graduación de Ernestina

Diferencias:
1. No hay una ceremonia formal.
2. La celebración tiene lugar por la noche.

Similitudes:
1. La familia invita a muchos familiares y amigos para celebrar.
2. Hay una comida especial para los invitados.

Diferencias:
1. Hay una ceremonia formal.
2. La ceremonia se celebra durante el día.

La lista de palabras y expresiones a la derecha puede ayudarte a escribir este tipo de ensayo (*essay*).

Tema
Escribir una composición

Antes de escribir

1. Vas a comparar dos celebraciones familiares a las que tú asististe recientemente. Puedes escoger entre una fiesta de cumpleaños, aniversario o graduación, una boda, una fiesta de quince años u otro tipo de celebración familiar.

2. Completa un diagrama Venn con las diferencias y similitudes de las dos celebraciones. Trata de incluir por lo menos tres ideas para cada sección del diagrama.

Diferencias y similitudes

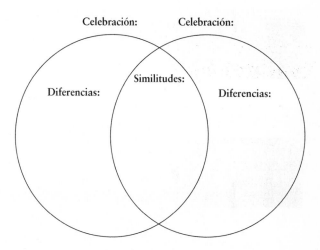

Celebración: _____   Celebración: _____

Similitudes:

Diferencias: Diferencias:

Lección 9

Writing Activities

Escribir

1. Usa el diagrama Venn que completaste para ayudarte a escribir una composición en la que comparas las dos celebraciones.
2. Tu composición debe incluir cuatro párrafos cortos:
   - un párrafo que sirva de introducción y que identifique las dos celebraciones
   - uno que describa las diferencias entre las dos celebraciones
   - uno que describa las similitudes entre las dos celebraciones
   - uno que sirva de conclusión y que incluya tus opiniones sobre las dos celebraciones
3. Usa palabras y expresiones de esta lista para expresar las diferencias y las similitudes.

Para expresar diferencias	
a diferencia de	*unlike*
a pesar de	*in spite of*
aunque	*although*
en cambio	*on the other hand*
más/menos que	*more/less... than*
no obstante	*nevertheless; however*
por otro lado	*on the other hand*
por el contrario	*on the contrary*
sin embargo	*nevertheless; however*

Para expresar similitudes	
además; también	*in addition; also*
al igual que	*the same as*
como	*as; like*
de la misma manera	*in the same manner (way)*
del mismo modo	*in the same manner (way)*
tan + [*adjetivo*] + como	*as +* [adjective] *+ as*
tanto/a(s) + [*sustantivo*] + como	*as many/much +* [noun] *as*

Después de escribir

1. Intercambia tu borrador con un(a) compañero/a de clase. Coméntalo y contesta estas preguntas.
   - ¿Escribió tu compañero/a una introducción que identifica las dos celebraciones?
   - ¿Escribió tu compañero/a un párrafo sobre las diferencias entre las dos celebraciones?
   - ¿Escribió tu compañero/a un párrafo sobre las similitudes entre las dos celebraciones?
   - ¿Escribió tu compañero/a una conclusión que incluye sus opiniones sobre las dos celebraciones?
   - ¿Usó tu compañero/a palabras de la lista para expresar diferencias y similitudes?
   - ¿Usó tu compañero/a comparativos y superlativos para comparar las dos celebraciones?
   - ¿Qué detalles añadirías (*would you add*)? ¿Qué detalles quitarías (*would you delete*)? ¿Qué otros comentarios tienes para tu compañero/a?
2. Revisa tu narración según los comentarios de tu compañero/a. Después de escribir la versión final, léela otra vez para eliminar errores de:
   - ortografía y puntuación
   - uso de letras mayúsculas y minúsculas
   - concordancia entre sustantivos y adjetivos
   - uso de verbos en el presente de indicativo
   - uso de verbos en el pretérito
   - uso de comparativos y superlativos

Las fiestas

Antes de ver el video

1 **Más vocabulario** Look over these useful words before you watch the video.

<table>
<tr><td colspan="3" align="center">**Vocabulario útil**</td></tr>
<tr>
<td>alegrar *to make happy*
las artesanías *crafts*
el/la artesano/a *craftsperson;
   artisan*
los cabezudos *carnival figures
   with large heads*
la canción de Navidad
   Christmas carol</td>
<td>el cartel *poster*
la clausura *closing ceremony*
destacarse *to stand out*
el Día de Reyes *Three
   Kings' Day*
las frituras *fried foods; fritters*
la madera *wood*
la misa *mass*</td>
<td>la parranda *party*
la pintura *painting*
el santo de palo *wooden saint*
tocar el tambor
   playing drums
los Tres Santos Reyes/Reyes
   Magos *Three Kings*</td>
</tr>
</table>

2 **Completar** Complete this paragraph about **la Navidad** in Puerto Rico.

En Puerto Rico, las Navidades no terminan después del (1)___Día de Reyes___, como en el resto
de los países hispanos, sino después de las Fiestas de la Calle San Sebastián. Hay muchas expresiones
artísticas de (2)___artesanos___ locales; entre ellas se destacan los (3)___santos de palo___,
que son pequeñas estatuas (*statues*) de madera de vírgenes y santos. La (4)___parranda___
empieza por la noche cuando las personas salen a disfrutar del baile y la música con amigos y familiares.

3 **¡En español!** Look at the video still. What do you think this episode will be about? Imagine what
Diego will say and write a two- or three-sentence introduction to this episode. Answers will vary.

Diego Palacios, Puerto Rico

¡Bienvenidos! Soy Diego Palacios, de Puerto Rico. Hoy les quiero

mostrar... _____

_____

_____

_____

_____

Mientras ves el video

4 **Ordenar** Ordena cronológicamente lo que Diego hizo (*did*).

___5___ a. Les preguntó a personas qué disfrutaban más de las fiestas.

___1___ b. Bailó con los cabezudos en la calle.

___2___ c. Habló con artesanos sobre los santos de palo.

___4___ d. Tomó un helado de coco.

___3___ e. Comió unas frituras.

Lección 9 Flash cultura Video Activities **151**

5   **Emparejar**   Match the captions to the appropriate elements.

1. _b_

2. _d_

3. _c_

4. _a_

a. el güiro   b. los cabezudos   c. los santos de palo   d. el pandero   e. los carteles

Después de ver el video

6   **¿Cierto o falso?**   Indicate whether each statement is **cierto** or **falso**.

1. Las Navidades en Puerto Rico terminan con del Día de Reyes. _____ Falso.

2. Los artistas hacen cuadros y carteles sobre la Navidad. _____ Cierto.

3. En Puerto Rico, todas las celebraciones navideñas son religiosas. _____ Falso.

4. Los santos de palo representan a personajes puertorriqueños. _____ Falso.

5. Según un artesano, la pieza de artesanía más popular es la de los Tres Santos Reyes.
_____ Cierto.

6. El güiro y el pandero son algunos de los instrumentos típicos de la música de estas fiestas.
_____ Cierto.

7   **¡De parranda!**   Imagine that you are an exchange student in Puerto Rico and that you are attending this celebration. You are dancing on the street when suddenly Diego spots you and decides to interview you. Tell him how you feel and what cultural aspects catch your attention. Make sure to include these words. Answers will vary.

| artistas | bailar | cabezudos | de parranda | en la calle | tocar el tambor |

_____

_____

_____

_____

_____

panorama

Chile

1 **Datos chilenos** Complete the chart with the correct information about Chile. Some answers will vary.

Ciudades principales	Deportes de invierno	Países fronterizos (bordering)	Escritores
Santiago de Chile	el esquí	Perú	Gabriela Mistral
Concepción	el *snowboard*	Bolivia	Pablo Neruda
Viña del Mar	el heliesquí	Argentina	Isabel Allende

2 **¿Cierto o falso?** Indicate whether the sentences are **cierto** or **falso**. Correct the false sentences.

1. Una quinta parte de los chilenos vive en Santiago de Chile.
   Falso. Una tercera parte de los chilenos vive en Santiago de Chile.

2. En Chile se hablan el idioma español y el mapuche.
   Cierto.

3. La mayoría (*most*) de las playas de Chile están en la costa del océano Atlántico.
   Falso. La mayoría de las playas de Chile están en la costa del océano Pacífico.

4. El desierto de Atacama es el más seco del mundo.
   Cierto.

5. La isla de Pascua es famosa por sus observatorios astronómicos.
   Falso. La isla de Pascua es famosa por los *moái*, unas estatuas enormes.

6. El Parque Nacional Villarrica está situado al pie de un volcán y junto a un lago.
   Cierto.

7. Se practican deportes de invierno en los Andes chilenos.
   Cierto.

8. La exportación de vinos chilenos se redujo (*decreased*) en los últimos años.
   Falso. La exportación de vinos está aumentando cada vez más.

3 **Información de Chile** Complete the sentences with the correct words.

1. La moneda de Chile es el _____peso chileno_____.

2. Bernardo O'Higgins fue un militar y _____héroe_____ nacional de Chile.

3. Los exploradores _____holandeses_____ descubrieron la isla de Pascua.

4. Desde los _____observatorios_____ chilenos de los Andes, los científicos estudian las estrellas.

5. La producción de _____vino_____ es una parte importante de la actividad agrícola de Chile.

6. El país al este de Chile es _____Argentina_____.

Lección 9 Panorama Activities **153**

4 **Fotos de Chile** Label the photos.

1. ____edificio antiguo en Santiago____

2. ____los *moái* de la isla de Pascua____

5 **El pasado de Chile** Complete the sentences with the preterite of the correct verbs from the word bank.

> comenzar   escribir
> decidir   recibir

1. Pablo Neruda _____escribió_____ muchos poemas románticos durante su vida.

2. La isla de Pascua _____recibió_____ su nombre porque la descubrieron el Día de Pascua.

3. No se sabe por qué los *rapa nui* _____decidieron_____ abandonar la isla de Pascua.

4. La producción de vino en Chile _____comenzó_____ en el siglo XVI.

6 **Preguntas chilenas** Write questions that correspond to the answers below. Vary the interrogative words you use.

1. ¿Cuántos habitantes hay en/tiene Chile?

   Hay más de diecisiete millones de habitantes en Chile.

2. ¿Cuál es la capital chilena/de Chile?

   Santiago de Chile es la capital chilena.

3. ¿Qué idiomas se hablan en Chile?/¿Cuáles son los idiomas que se hablan en Chile?

   Los idiomas que se hablan en Chile son el español y el mapuche.

4. ¿Quiénes descubrieron la isla de Pascua?/¿Qué descubrieron los exploradores holandeses?

   Los exploradores holandeses descubrieron la isla de Pascua.

5. ¿Dónde se puede practicar el heliesquí?/¿Qué (deporte) se puede practicar en el centro de esquí Valle Nevado?/¿Qué tipo de excursiones organiza el centro de esquí Valle Nevado?

   El centro de esquí Valle Nevado organiza excursiones de heliesquí.

6. ¿Cuándo/En qué siglo comenzó la producción de vino en Chile?

   La producción de vino en Chile comenzó en el siglo XVI.

repaso

1 **¿Te importa?** Complete the sentences with the correct indirect object pronoun and the form of the verb in parentheses.

1. A nosotros _____ nos gusta _____ (gustar) ir de excursión y acampar.

2. A mí _____ me encantan _____ (encantar) las novelas históricas.

3. A mi hermano _____ le molesta _____ (molestar) la radio cuando está estudiando.

4. A ustedes no _____ les importa _____ (importar) esperar un rato para sentarse, ¿no?

5. Ese vestido largo _____ te queda _____ (quedar) muy bien (a ti) con las sandalias.

6. A ellos _____ les faltan _____ (faltar) dos días para graduarse de la escuela.

2 **No quiero nada** Answer the questions negatively, using negative words.

1. ¿Debo ponerme algo elegante esta noche?
No, no debes ponerte/no te debes poner nada elegante esta noche.

2. ¿Te enojaste con alguien en el restaurante?
No, no me enojé con nadie en el restaurante.

3. ¿Se probó algún vestido Ana en la tienda?
No, Ana no se probó ningún vestido/ninguno (en la tienda).

4. ¿Quiere Raúl quedarse en las fiestas siempre?
No, Raúl nunca quiere quedarse/se quiere quedar en las fiestas.

3 **La fiesta** Complete the paragraph with the correct preterite forms of the verbs in parentheses.

Ignacio y yo (1) _____ fuimos _____ (ir) a la fiesta de cumpleaños de un amigo el sábado.

(2) _____ Fuimos _____ (Ir) juntos en auto. Mi padre (3) _____ condujo _____ (conducir). La fiesta

(4) _____ fue _____ (ser) en el salón de fiestas del Hotel Condado. En la fiesta (5) _____ hubo _____

(haber) un pastel enorme y muchísimos invitados. (Yo) (6) _____ Supe _____ (saber) en la fiesta que mi

amiga Dora (7) _____ rompió _____ (romper) con su novio. Ignacio y yo (8) _____ quisimos _____ (querer)

hacerla sentir mejor, pero no (9) _____ fue _____ (ser) fácil. Primero Ignacio (10) _____ pidió _____ (pedir)

una botella de jugo. Luego le (11) _____ dijo _____ (decir) a su amigo Marc: "Ven (*Come*) a sentarte

con nosotros". Ignacio le (12) _____ sirvió _____ (servir) algo de jugo a Marc y todos (13) _____ brindamos/brindaron _____

(brindar). Nosotros les (14) _____ dimos _____ (dar) la oportunidad a Dora y a Marc de conocerse. Marc

es francés, y por mucho rato ellos no (15) _____ pudieron _____ (poder) entenderse. Luego yo (16) _____ traduje _____

(traducir) sus palabras un rato. Dora (17) _____ repitió _____ (repetir) las palabras hasta decirlas bien. Dora

y Marc (18) _____ estuvieron _____ (estar) hablando toda la noche. Ignacio les (19) _____ trajo _____ (traer)

entremeses y él y yo nos (20) _____ fuimos _____ (ir) a bailar. Marc le (21) _____ pidió _____ (pedir) el número

a Dora. Ella (22) _____ se puso _____ (ponerse) feliz.

4 **Te lo dije** Rewrite these sentences in the preterite. Use double object pronouns in the new sentences.

> **modelo**
>
> Carlos le traduce los documentos a su hermano. *Carlos se los tradujo.*

1. Rebeca quiere comprarle un regalo a Jorge. (Rebeca) Quiso comprárselo./(Rebeca) Se lo quiso comprar.

2. Les hago una cena deliciosa. Se la hice.

3. Los López le dicen unos chistes (*jokes*). Se los dijeron.

4. Francisco no puede prestarnos el auto. (Francisco) No pudo prestárnoslo./(Francisco) No nos lo pudo prestar.

5. Les debes decir tu apellido a los dueños. Debiste decírselo./Se lo debiste decir.

6. Te traigo unas cosas importantes. Te las traje.

5 **Los países** Compare the items listed, using information from the **Panorama** sections.

Some answers may vary. Suggested answers:

1. Guatemala / pequeño / Perú

   Guatemala es más pequeño que Perú.

2. Líneas de Nazca / misteriosas / los *moái* de la isla de Pascua

   Las líneas de Nazca son tan misteriosas como los *moái* de la isla de Pascua.

3. habitantes de Guatemala / hablar idiomas / habitantes de Chile

   Los habitantes de Guatemala hablan más idiomas que los habitantes de Chile.

4. Ciudad de Guatemala / grande / puerto de Iquitos

   La ciudad de Guatemala es más grande que el puerto de Iquitos.

5. peruanos / usar las llamas / chilenos

   Los peruanos usan las llamas más que los chilenos.

6 **La boda** Imagine that you know the couple in the photo. Write some background about their wedding. How and when did the couple meet? When did they become engaged? Do they get along well? Do they really love each other? Next, talk about the food and drinks served at the wedding and whether you enjoyed the event. Answers will vary.

_____

_____

_____

_____

_____

_____

_____

_____

_____

Credits

Every effort has been made to trace the copyright holders of the works published herein. If proper copyright acknowledgment has not been made, please contact the publisher and we will correct the information in future printings.

Photography and Art Credits

All images © Vista Higher Learning unless otherwise noted.

Cuaderno de práctica y actividades comunicativas: 27: (tl) StockTrek/Photodisc/Getty Images; (tr) Janet Dracksdorf; (bl) Miguel A. Alvarez/Shutterstock; (br) José Blanco; **62:** Nicole Winchell; **122:** (l) Michael Fischer/Media Bakery; (r) Bill Bachmann/Danita Delimont Photography/Newscom; **154:** (l) Lauren Krolick; (r) Lars Rosen Gunnilstam; **158:** Cardinal/Corbis.